NORWEGIAN
VOCABULARY

FOR ENGLISH SPEAKERS

ENGLISH-NORWEGIAN

The most useful words
To expand your lexicon and sharpen
your language skills

5000 words

Norwegian vocabulary for English speakers - 5000 words
By Andrey Taranov

T&P Books vocabularies are intended for helping you learn, memorize and review foreign words. The dictionary is divided into themes, covering all major spheres of everyday activities, business, science, culture, etc.

The process of learning words using T&P Books' theme-based dictionaries gives you the following advantages:

- Correctly grouped source information predetermines success at subsequent stages of word memorization
- Availability of words derived from the same root allowing memorization of word units (rather than separate words)
- Small units of words facilitate the process of establishing associative links needed for consolidation of vocabulary
- Level of language knowledge can be estimated by the number of learned words

Copyright © 2016 T&P Books Publishing

All rights reserved. No part of this book may be reproduced or utilized in any form or by any means, electronic or mechanical, including photocopying, recording or by information storage and retrieval system, without permission in writing from the publishers.

T&P Books Publishing
www.tpbooks.com

ISBN: 978-1-78492-013-5

This book is also available in E-book formats.
Please visit www.tpbooks.com or the major online bookstores.

NORWEGIAN VOCABULARY
for English speakers

T&P Books vocabularies are intended to help you learn, memorize, and review foreign words. The vocabulary contains over 5000 commonly used words arranged thematically.

- Vocabulary contains the most commonly used words
- Recommended as an addition to any language course
- Meets the needs of beginners and advanced learners of foreign languages
- Convenient for daily use, revision sessions, and self-testing activities
- Allows you to assess your vocabulary

Special features of the vocabulary

- Words are organized according to their meaning, not alphabetically
- Words are presented in three columns to facilitate the reviewing and self-testing processes
- Words in groups are divided into small blocks to facilitate the learning process
- The vocabulary offers a convenient and simple transcription of each foreign word

The vocabulary has 155 topics including:

Basic Concepts, Numbers, Colors, Months, Seasons, Units of Measurement, Clothing & Accessories, Food & Nutrition, Restaurant, Family Members, Relatives, Character, Feelings, Emotions, Diseases, City, Town, Sightseeing, Shopping, Money, House, Home, Office, Working in the Office, Import & Export, Marketing, Job Search, Sports, Education, Computer, Internet, Tools, Nature, Countries, Nationalities and more ...

T&P BOOKS' THEME-BASED DICTIONARIES

The Correct System for Memorizing Foreign Words

Acquiring vocabulary is one of the most important elements of learning a foreign language, because words allow us to express our thoughts, ask questions, and provide answers. An inadequate vocabulary can impede communication with a foreigner and make it difficult to understand a book or movie well.

The pace of activity in all spheres of modern life, including the learning of modern languages, has increased. Today, we need to memorize large amounts of information (grammar rules, foreign words, etc.) within a short period. However, this does not need to be difficult. All you need to do is to choose the right training materials, learn a few special techniques, and develop your individual training system.

Having a system is critical to the process of language learning. Many people fail to succeed in this regard; they cannot master a foreign language because they fail to follow a system comprised of selecting materials, organizing lessons, arranging new words to be learned, and so on. The lack of a system causes confusion and eventually, lowers self-confidence.

T&P Books' theme-based dictionaries can be included in the list of elements needed for creating an effective system for learning foreign words. These dictionaries were specially developed for learning purposes and are meant to help students effectively memorize words and expand their vocabulary.

Generally speaking, the process of learning words consists of three main elements:

- Reception (creation or acquisition) of a training material, such as a word list
- Work aimed at memorizing new words
- Work aimed at reviewing the learned words, such as self-testing

All three elements are equally important since they determine the quality of work and the final result. All three processes require certain skills and a well-thought-out approach.

New words are often encountered quite randomly when learning a foreign language and it may be difficult to include them all in a unified list. As a result, these words remain written on scraps of paper, in book margins, textbooks, and so on. In order to systematize such words, we have to create and continually update a "book of new words." A paper notebook, a netbook, or a tablet PC can be used for these purposes.

This "book of new words" will be your personal, unique list of words. However, it will only contain the words that you came across during the learning process. For example, you might have written down the words "Sunday," "Tuesday," and "Friday." However, there are additional words for days of the week, for example, "Saturday," that are missing, and your list of words would be incomplete. Using a theme dictionary, in addition to the "book of new words," is a reasonable solution to this problem.

The theme-based dictionary may serve as the basis for expanding your vocabulary.

It will be your big "book of new words" containing the most frequently used words of a foreign language already included. There are quite a few theme-based dictionaries available, and you should ensure that you make the right choice in order to get the maximum benefit from your purchase.

Therefore, we suggest using theme-based dictionaries from T&P Books Publishing as an aid to learning foreign words. Our books are specially developed for effective use in the sphere of vocabulary systematization, expansion and review.

Theme-based dictionaries are not a magical solution to learning new words. However, they can serve as your main database to aid foreign-language acquisition. Apart from theme dictionaries, you can have copybooks for writing down new words, flash cards, glossaries for various texts, as well as other resources; however, a good theme dictionary will always remain your primary collection of words.

T&P Books' theme-based dictionaries are specialty books that contain the most frequently used words in a language.

The main characteristic of such dictionaries is the division of words into themes. For example, the *City* theme contains the words "street," "crossroads," "square," "fountain," and so on. The *Talking* theme might contain words like "to talk," "to ask," "question," and "answer".

All the words in a theme are divided into smaller units, each comprising 3–5 words. Such an arrangement improves the perception of words and makes the learning process less tiresome. Each unit contains a selection of words with similar meanings or identical roots. This allows you to learn words in small groups and establish other associative links that have a positive effect on memorization.

The words on each page are placed in three columns: a word in your native language, its translation, and its transcription. Such positioning allows for the use of techniques for effective memorization. After closing the translation column, you can flip through and review foreign words, and vice versa. "This is an easy and convenient method of review – one that we recommend you do often."

Our theme-based dictionaries contain transcriptions for all the foreign words. Unfortunately, none of the existing transcriptions are able to convey the exact nuances of foreign pronunciation. That is why we recommend using the transcriptions only as a supplementary learning aid. Correct pronunciation can only be acquired with the help of sound. Therefore our collection includes audio theme-based dictionaries.

The process of learning words using T&P Books' theme-based dictionaries gives you the following advantages:

- You have correctly grouped source information, which predetermines your success at subsequent stages of word memorization
- Availability of words derived from the same root (lazy, lazily, lazybones), allowing you to memorize word units instead of separate words
- Small units of words facilitate the process of establishing associative links needed for consolidation of vocabulary
- You can estimate the number of learned words and hence your level of language knowledge
- The dictionary allows for the creation of an effective and high-quality revision process
- You can revise certain themes several times, modifying the revision methods and techniques
- Audio versions of the dictionaries help you to work out the pronunciation of words and develop your skills of auditory word perception

The T&P Books' theme-based dictionaries are offered in several variants differing in the number of words: 1.500, 3.000, 5.000, 7.000, and 9.000 words. There are also dictionaries containing 15,000 words for some language combinations. Your choice of dictionary will depend on your knowledge level and goals.

We sincerely believe that our dictionaries will become your trusty assistant in learning foreign languages and will allow you to easily acquire the necessary vocabulary.

TABLE OF CONTENTS

T&P Books' Theme-Based Dictionaries	4
Pronunciation guide	13
Abbreviations	15
BASIC CONCEPTS	17
Basic concepts. Part 1	17
1. Pronouns	17
2. Greetings. Salutations. Farewells	17
3. How to address	18
4. Cardinal numbers. Part 1	18
5. Cardinal numbers. Part 2	20
6. Ordinal numbers	20
7. Numbers. Fractions	20
8. Numbers. Basic operations	21
9. Numbers. Miscellaneous	21
10. The most important verbs. Part 1	21
11. The most important verbs. Part 2	22
12. The most important verbs. Part 3	23
13. The most important verbs. Part 4	24
14. Colors	25
15. Questions	26
16. Prepositions	27
17. Function words. Adverbs. Part 1	27
18. Function words. Adverbs. Part 2	29
Basic concepts. Part 2	31
19. Weekdays	31
20. Hours. Day and night	31
21. Months. Seasons	32
22. Units of measurement	34
23. Containers	35
HUMAN BEING	37
Human being. The body	37
24. Head	37
25. Human body	38

Clothing & Accessories 40

26. Outerwear. Coats 40
27. Men's & women's clothing 40
28. Clothing. Underwear 41
29. Headwear 41
30. Footwear 41
31. Personal accessories 42
32. Clothing. Miscellaneous 43
33. Personal care. Cosmetics 43
34. Watches. Clocks 44

Food. Nutricion 46

35. Food 46
36. Drinks 48
37. Vegetables 49
38. Fruits. Nuts 49
39. Bread. Candy 50
40. Cooked dishes 51
41. Spices 52
42. Meals 52
43. Table setting 53
44. Restaurant 53

Family, relatives and friends 55

45. Personal information. Forms 55
46. Family members. Relatives 55

Medicine 57

47. Diseases 57
48. Symptoms. Treatments. Part 1 58
49. Symptoms. Treatments. Part 2 59
50. Symptoms. Treatments. Part 3 60
51. Doctors 61
52. Medicine. Drugs. Accessories 61

HUMAN HABITAT 63
City 63

53. City. Life in the city 63
54. Urban institutions 64
55. Signs 66
56. Urban transportation 67

57.	Sightseeing	68
58.	Shopping	68
59.	Money	69
60.	Post. Postal service	70

Dwelling. House. Home 72

61.	House. Electricity	72
62.	Villa. Mansion	72
63.	Apartment	73
64.	Furniture. Interior	73
65.	Bedding	74
66.	Kitchen	74
67.	Bathroom	75
68.	Household appliances	76

HUMAN ACTIVITIES 78
Job. Business. Part 1 78

69.	Office. Working in the office	78
70.	Business processes. Part 1	79
71.	Business processes. Part 2	80
72.	Production. Works	81
73.	Contract. Agreement	83
74.	Import & Export	83
75.	Finances	84
76.	Marketing	85
77.	Advertising	85
78.	Banking	86
79.	Telephone. Phone conversation	87
80.	Cell phone	87
81.	Stationery	88
82.	Kinds of business	88

Job. Business. Part 2 91

83.	Show. Exhibition	91
84.	Science. Research. Scientists	92

Professions and occupations 94

85.	Job search. Dismissal	94
86.	Business people	94
87.	Service professions	96
88.	Military professions and ranks	96
89.	Officials. Priests	97

90.	Agricultural professions	98
91.	Art professions	98
92.	Various professions	99
93.	Occupations. Social status	100

Education 102

94.	School	102
95.	College. University	103
96.	Sciences. Disciplines	104
97.	Writing system. Orthography	104
98.	Foreign languages	106

Rest. Entertainment. Travel 108

99.	Trip. Travel	108
100.	Hotel	108

TECHNICAL EQUIPMENT. TRANSPORTATION 110
Technical equipment 110

101.	Computer	110
102.	Internet. E-mail	111
103.	Electricity	112
104.	Tools	113

Transportation 116

105.	Airplane	116
106.	Train	117
107.	Ship	118
108.	Airport	120

Life events 121

109.	Holidays. Event	121
110.	Funerals. Burial	122
111.	War. Soldiers	123
112.	War. Military actions. Part 1	124
113.	War. Military actions. Part 2	125
114.	Weapons	127
115.	Ancient people	128
116.	Middle Ages	129
117.	Leader. Chief. Authorities	131
118.	Breaking the law. Criminals. Part 1	131
119.	Breaking the law. Criminals. Part 2	133

120.	Police. Law. Part 1	134
121.	Police. Law. Part 2	135

NATURE
The Earth. Part 1

122.	Outer space	137
123.	The Earth	138
124.	Cardinal directions	139
125.	Sea. Ocean	139
126.	Seas' and Oceans' names	140
127.	Mountains	141
128.	Mountains names	142
129.	Rivers	142
130.	Rivers' names	143
131.	Forest	144
132.	Natural resources	145

The Earth. Part 2

133.	Weather	147
134.	Severe weather. Natural disasters	148

Fauna

135.	Mammals. Predators	149
136.	Wild animals	149
137.	Domestic animals	151
138.	Birds	152
139.	Fish. Marine animals	153
140.	Amphibians. Reptiles	154
141.	Insects	154

Flora

142.	Trees	156
143.	Shrubs	157
144.	Fruits. Berries	157
145.	Flowers. Plants	158
146.	Cereals, grains	159

COUNTRIES. NATIONALITIES

147.	Western Europe	160
148.	Central and Eastern Europe	160
149.	Former USSR countries	161

150.	Asia	161
151.	North America	162
152.	Central and South America	162
153.	Africa	163
154.	Australia. Oceania	163
155.	Cities	163

PRONUNCIATION GUIDE

Letter	Norwegian example	T&P phonetic alphabet	English example
Aa	plass	[ɑ], [ɑː]	bath, to pass
Bb	bøtte, albue	[b]	baby, book
Cc [1]	centimeter	[s]	city, boss
Cc [2]	Canada	[k]	clock, kiss
Dd	radius	[d]	day, doctor
Ee	rett	[eː]	longer than in bell
Ee [3]	begå	[ɛ]	man, bad
Ff	fattig	[f]	face, food
Gg [4]	golf	[g]	game, gold
Gg [5]	gyllen	[j]	yes, New York
Gg [6]	regnbue	[ŋ]	English, ring
Hh	hektar	[h]	humor
Ii	kilometer	[ɪ], [i]	tin, see
Kk	konge	[k]	clock, kiss
Kk [7]	kirke	[h]	humor
Jj	fjerde	[j]	yes, New York
kj	bikkje	[h]	humor
Ll	halvår	[l]	lace, people
Mm	middag	[m]	magic, milk
Nn	november	[n]	name, normal
ng	id_langt	[ŋ]	English, ring
Oo [8]	honning	[ɔ]	bottle, doctor
Oo [9]	fot, krone	[u]	book
Pp	plomme	[p]	pencil, private
Qq	sequoia	[k]	clock, kiss
Rr	sverge	[r]	rice, radio
Ss	appelsin	[s]	city, boss
sk [10]	skikk, skyte	[ʃ]	machine, shark
Tt	stør, torsk	[t]	tourist, trip
Uu	brudd	[y]	fuel, tuna
Vv	kraftverk	[v]	very, river
Ww	webside	[v]	very, river
Xx	mexicaner	[ks]	box, taxi
Yy	nytte	[ɪ], [i]	tin, see
Zz [11]	New Zealand	[s]	star, cats
Ææ	vær, stær	[æ]	chess, man

Letter	Norwegian example	T&P phonetic alphabet	English example
Øø	ørn, gjø	[ø]	eternal, church
Åå	gås, værhår	[o:]	fall, bomb

Comments

[1] before **e, i**
[2] elsewhere
[3] unstressed
[4] before **a, o, u, å**
[5] before **i** and **y**
[6] in combination **gn**
[7] before **i** and **y**
[8] before two consonants
[9] before one consonant
[10] before **i** and **y**
[11] in loanwords only

ABBREVIATIONS
used in the vocabulary

English abbreviations

ab.	-	about
adj	-	adjective
adv	-	adverb
anim.	-	animate
as adj	-	attributive noun used as adjective
e.g.	-	for example
etc.	-	et cetera
fam.	-	familiar
fem.	-	feminine
form.	-	formal
inanim.	-	inanimate
masc.	-	masculine
math	-	mathematics
mil.	-	military
n	-	noun
pl	-	plural
pron.	-	pronoun
sb	-	somebody
sing.	-	singular
sth	-	something
v aux	-	auxiliary verb
vi	-	intransitive verb
vi, vt	-	intransitive, transitive verb
vt	-	transitive verb

Norwegian abbreviations

f	-	feminine noun
f pl	-	feminine plural
m	-	masculine noun
m pl	-	masculine plural
m/f	-	masculine, neuter
m/f pl	-	masculine/feminine plural
m/f/n	-	masculine/feminine/neuter

m/n	-	masculine, feminine
n	-	neuter
n pl	-	neuter plural
pl	-	plural

BASIC CONCEPTS

Basic concepts. Part 1

1. Pronouns

I, me	jeg	['jæj]
you	du	[dʉ]

he	han	['hɑn]
she	hun	['hʉn]
it	det, den	['de], ['den]

we	vi	['vi]
you (to a group)	dere	['derə]
they	de	['de]

2. Greetings. Salutations. Farewells

Hello! (fam.)	Hei!	['hæj]
Hello! (form.)	Hallo! God dag!	[hɑ'lʊ], [gʊ 'dɑ]
Good morning!	God morn!	[gʊ 'mɔ:ŋ]
Good afternoon!	God dag!	[gʊ'dɑ]
Good evening!	God kveld!	[gʊ 'kvɛl]

to say hello	å hilse	[ɔ 'hilsə]
Hi! (hello)	Hei!	['hæj]
greeting (n)	hilsen (m)	['hilsən]
to greet (vt)	å hilse	[ɔ 'hilsə]

How are you? (form.)	Hvordan står det til?	['vʊ:dɑn stoːr de til]
How are you? (fam.)	Hvordan går det?	['vʊ:dɑn gor de]
What's new?	Hva nytt?	[vɑ 'nʏt]

Goodbye! (form.)	Ha det bra!	[hɑ de 'brɑ]
Bye! (fam.)	Ha det!	[hɑ 'de]
See you soon!	Vi ses!	[vi sɛs]
Farewell!	Farvel!	[fɑr'vɛl]
to say goodbye	å si farvel	[ɔ 'si fɑr'vɛl]
So long!	Ha det!	[hɑ 'de]

Thank you!	Takk!	['tɑk]
Thank you very much!	Tusen takk!	['tʉsən tɑk]

You're welcome	Bare hyggelig	['bɑrə 'hygeli]
Don't mention it!	Ikke noe å takke for!	['ikə 'nʊe ɔ 'takə fɔr]
It was nothing	Ingen årsak!	['iŋən 'oːsɑk]

Excuse me! (fam.)	Unnskyld, ...	['ʉnˌsyl ...]
Excuse me! (form.)	Unnskyld meg, ...	['ʉnˌsyl me ...]
to excuse (forgive)	å unnskylde	[ɔ 'ʉnˌsylə]

to apologize (vi)	å unnskylde seg	[ɔ 'ʉnˌsylə sæj]
My apologies	Jeg ber om unnskyldning	[jæj ber ɔm 'ʉnˌsyldniŋ]
I'm sorry!	Unnskyld!	['ʉnˌsyl]

to forgive (vt)	å tilgi	[ɔ 'tilˌji]
It's okay! (that's all right)	Ikke noe problem	['ikə 'nʊe prʊ'blem]
please (adv)	vær så snill	['vær sɔ 'snil]

Don't forget!	Ikke glem!	['ikə 'glem]
Certainly!	Selvfølgelig!	[sɛl'følgəli]
Of course not!	Selvfølgelig ikke!	[sɛl'følgəli 'ikə]

| Okay! (I agree) | OK! Enig! | [ɔ'kɛj], ['ɛni] |
| That's enough! | Det er nok! | [de ær 'nɔk] |

3. How to address

Excuse me, ...	Unnskyld, ...	['ʉnˌsyl ...]
mister, sir	Herr	['hær]
ma'am	Fru	['frʉ]
miss	Frøken	['frøkən]

young man	unge mann	['ʉŋə ˌmɑn]
young man (little boy, kid)	guttunge	['gʉtˌʉŋə]
miss (little girl)	frøken	['frøkən]

4. Cardinal numbers. Part 1

0 zero	null	['nʉl]
1 one	en	['en]
2 two	to	['tʊ]
3 three	tre	['tre]
4 four	fire	['fire]

5 five	fem	['fɛm]
6 six	seks	['sɛks]
7 seven	sju	['ʂʉ]
8 eight	åtte	['ɔtə]
9 nine	ni	['ni]

10 ten	ti	['ti]
11 eleven	elleve	['ɛlvə]
12 twelve	tolv	['tɔl]
13 thirteen	tretten	['trɛtən]
14 fourteen	fjorten	['fjɔːʈən]
15 fifteen	femten	['fɛmtən]
16 sixteen	seksten	['sæjstən]
17 seventeen	sytten	['sʏtən]
18 eighteen	atten	['ɑtən]
19 nineteen	nitten	['nitən]
20 twenty	tjue	['çʉe]
21 twenty-one	tjueen	['çʉe en]
22 twenty-two	tjueto	['çʉe tʉ]
23 twenty-three	tjuetre	['çʉe tre]
30 thirty	tretti	['trɛti]
31 thirty-one	trettien	['trɛti en]
32 thirty-two	trettito	['trɛti tʉ]
33 thirty-three	trettitre	['trɛti tre]
40 forty	førti	['fœːʈi]
41 forty-one	førtien	['fœːʈi en]
42 forty-two	førtito	['fœːʈi tʉ]
43 forty-three	førtitre	['fœːʈi tre]
50 fifty	femti	['fɛmti]
51 fifty-one	femtien	['fɛmti en]
52 fifty-two	femtito	['fɛmti tʉ]
53 fifty-three	femtitre	['fɛmti tre]
60 sixty	seksti	['sɛksti]
61 sixty-one	sekstien	['sɛksti en]
62 sixty-two	sekstito	['sɛksti tʉ]
63 sixty-three	sekstitre	['sɛksti tre]
70 seventy	sytti	['sʏti]
71 seventy-one	syttien	['sʏti en]
72 seventy-two	syttito	['sʏti tʉ]
73 seventy-three	syttitre	['sʏti tre]
80 eighty	åtti	['ɔti]
81 eighty-one	åttien	['ɔti en]
82 eighty-two	åttito	['ɔti tʉ]
83 eighty-three	åttitre	['ɔti tre]
90 ninety	nitti	['niti]
91 ninety-one	nittien	['niti en]
92 ninety-two	nittito	['niti tʉ]
93 ninety-three	nittitre	['niti tre]

5. Cardinal numbers. Part 2

100 one hundred	hundre	['hʉndrə]
200 two hundred	to hundre	['tʊˌhʉndrə]
300 three hundred	tre hundre	['tre ˌhʉndrə]
400 four hundred	fire hundre	['fire ˌhʉndrə]
500 five hundred	fem hundre	['fɛm ˌhʉndrə]
600 six hundred	seks hundre	['sɛks ˌhʉndrə]
700 seven hundred	syv hundre	['syv ˌhʉndrə]
800 eight hundred	åtte hundre	['ɔtə ˌhʉndrə]
900 nine hundred	ni hundre	['ni ˌhʉndrə]
1000 one thousand	tusen	['tʉsən]
2000 two thousand	to tusen	['tʊ ˌtʉsən]
3000 three thousand	tre tusen	['tre ˌtʉsən]
10000 ten thousand	ti tusen	['ti ˌtʉsən]
one hundred thousand	hundre tusen	['hʉndrə ˌtʉsən]
million	million (m)	[mi'ljun]
billion	milliard (m)	[mi'lja:d]

6. Ordinal numbers

first (adj)	første	['fœʂtə]
second (adj)	annen	['ɑnən]
third (adj)	tredje	['trɛdjə]
fourth (adj)	fjerde	['fjærə]
fifth (adj)	femte	['fɛmtə]
sixth (adj)	sjette	['ʂɛtə]
seventh (adj)	sjuende	['ʂʉenə]
eighth (adj)	åttende	['ɔtenə]
ninth (adj)	niende	['nienə]
tenth (adj)	tiende	['tienə]

7. Numbers. Fractions

fraction	brøk (m)	['brøk]
one half	en halv	[en 'hɑl]
one third	en tredjedel	[en 'trɛdjəˌdel]
one quarter	en fjerdedel	[en 'fjærəˌdel]
one eighth	en åttendedel	[en 'ɔtenəˌdel]
one tenth	en tiendedel	[en 'tienəˌdel]
two thirds	to tredjedeler	['tʊ 'trɛdjəˌdelər]
three quarters	tre fjerdedeler	['tre 'fjærˌdelər]

8. Numbers. Basic operations

subtraction	subtraksjon (m)	[sʉbtrɑk'ʂʊn]
to subtract (vi, vt)	å subtrahere	[ɔ 'sʉbtrɑˌhere]
division	divisjon (m)	[divi'ʂʊn]
to divide (vt)	å dividere	[ɔ divi'derə]
addition	addisjon (m)	[ɑdi'ʂʊn]
to add up (vt)	å addere	[ɔ ɑ'derə]
to add (vi, vt)	å addere	[ɔ ɑ'derə]
multiplication	multiplikasjon (m)	[mʉltiplikɑ'ʂʊn]
to multiply (vt)	å multiplisere	[ɔ mʉltipli'serə]

9. Numbers. Miscellaneous

digit, figure	siffer (n)	['sifər]
number	tall (n)	['tɑl]
numeral	tallord (n)	['tɑlˌuːr]
minus sign	minus (n)	['minʉs]
plus sign	pluss (n)	['plʉs]
formula	formel (m)	['fɔrməl]
calculation	beregning (m/f)	[be'rɛjniŋ]
to count (vi, vt)	å telle	[ɔ 'tɛlə]
to count up	å telle opp	[ɔ 'tɛlə ɔp]
to compare (vt)	å sammenlikne	[ɔ 'sɑmənˌliknə]
How much?	Hvor mye?	[vʊr 'mye]
How many?	Hvor mange?	[vʊr 'mɑŋə]
sum, total	sum (m)	['sʉm]
result	resultat (n)	[resʉl'tɑt]
remainder	rest (m)	['rɛst]
a few (e.g., ~ years ago)	noen	['nʊən]
few (I have ~ friends)	få, ikke mange	['fɔ], ['ikə ˌmɑŋə]
a little (~ tired)	lite	['litə]
the rest	rest (m)	['rɛst]
one and a half	halvannen	[hɑl'ɑnən]
dozen	dusin (n)	[dʉ'sin]
in half (adv)	i 2 halvdeler	[i tʉ hɑl'delər]
equally (evenly)	jevnt	['jɛvnt]
half	halvdel (m)	['hɑldel]
time (three ~s)	gang (m)	['gɑŋ]

10. The most important verbs. Part 1

to advise (vt)	å råde	[ɔ 'roːdə]
to agree (say yes)	å samtykke	[ɔ 'sɑmˌtʏkə]

to answer (vi, vt)	å svare	[ɔ 'svarə]
to apologize (vi)	å unnskylde seg	[ɔ 'ʉnˌsylə sæj]
to arrive (vi)	å ankomme	[ɔ 'anˌkɔmə]

to ask (~ oneself)	å spørre	[ɔ 'spørə]
to ask (~ sb to do sth)	å be	[ɔ 'be]
to be (vi)	å være	[ɔ 'værə]

to be afraid	å frykte	[ɔ 'frʏktə]
to be hungry	å være sulten	[ɔ 'værə 'sʉltən]
to be interested in ...	å interessere seg	[ɔ intərə'serə sæj]
to be needed	å være behøv	[ɔ 'værə bə'høv]
to be surprised	å bli forundret	[ɔ 'bli fɔ'rʉndrət]

to be thirsty	å være tørst	[ɔ 'værə 'tœʂt]
to begin (vt)	å begynne	[ɔ bə'jinə]
to belong to ...	å tilhøre ...	[ɔ 'tilˌhørə ...]
to boast (vi)	å prale	[ɔ 'pralə]
to break (split into pieces)	å bryte	[ɔ 'brytə]

to call (~ for help)	å tilkalle	[ɔ 'tilˌkalə]
can (v aux)	å kunne	[ɔ 'kʉnə]
to catch (vt)	å fange	[ɔ 'faŋə]
to change (vt)	å endre	[ɔ 'ɛndrə]
to choose (select)	å velge	[ɔ 'vɛlgə]

to come down (the stairs)	å gå ned	[ɔ 'gɔ ne]
to compare (vt)	å sammenlikne	[ɔ 'samənˌliknə]
to complain (vi, vt)	å klage	[ɔ 'klagə]
to confuse (mix up)	å forveksle	[ɔ fɔr'vɛkʂlə]
to continue (vt)	å fortsette	[ɔ 'fɔrtˌsɛtə]
to control (vt)	å kontrollere	[ɔ kʉntrɔ'lerə]

to cook (dinner)	å lage	[ɔ 'lagə]
to cost (vt)	å koste	[ɔ 'kɔstə]
to count (add up)	å telle	[ɔ 'tɛlə]
to count on ...	å regne med ...	[ɔ 'rɛjnə me ...]
to create (vt)	å opprette	[ɔ 'ɔpˌrɛtə]
to cry (weep)	å gråte	[ɔ 'groːtə]

11. The most important verbs. Part 2

to deceive (vi, vt)	å fuske	[ɔ 'fʉskə]
to decorate (tree, street)	å pryde	[ɔ 'prydə]
to defend (a country, etc.)	å forsvare	[ɔ fɔ'ṣvarə]
to demand (request firmly)	å kreve	[ɔ 'krevə]
to dig (vt)	å grave	[ɔ 'gravə]

| to discuss (vt) | å diskutere | [ɔ diskʉ'terə] |
| to do (vt) | å gjøre | [ɔ 'jørə] |

to doubt (have doubts)	å tvile	[ɔ 'tvilə]
to drop (let fall)	å tappe	[ɔ 'tapə]
to enter (room, house, etc.)	å komme inn	[ɔ 'kɔmə in]

to excuse (forgive)	å unnskylde	[ɔ 'ʉnˌsylə]
to exist (vi)	å eksistere	[ɔ ɛksi'sterə]
to expect (foresee)	å forutse	[ɔ 'fɔrʉtˌsə]
to explain (vt)	å forklare	[ɔ fɔr'klarə]
to fall (vi)	å falle	[ɔ 'falə]

to find (vt)	å finne	[ɔ 'finə]
to finish (vt)	å slutte	[ɔ 'slʉtə]
to fly (vi)	å fly	[ɔ 'fly]
to follow ... (come after)	å følge etter ...	[ɔ 'følə 'ɛtər ...]
to forget (vi, vt)	å glemme	[ɔ 'glemə]

to forgive (vt)	å tilgi	[ɔ 'tilˌji]
to give (vt)	å gi	[ɔ 'ji]
to give a hint	å gi et vink	[ɔ 'ji et 'vink]
to go (on foot)	å gå	[ɔ 'gɔ]

to go for a swim	å bade	[ɔ 'badə]
to go out (for dinner, etc.)	å gå ut	[ɔ 'gɔ ʉt]
to guess (the answer)	å gjette	[ɔ 'jɛtə]

to have (vt)	å ha	[ɔ 'ha]
to have breakfast	å spise frokost	[ɔ 'spisə ˌfrʉkɔst]
to have dinner	å spise middag	[ɔ 'spisə 'miˌdɑ]
to have lunch	å spise lunsj	[ɔ 'spisə ˌlʉnʂ]
to hear (vt)	å høre	[ɔ 'hørə]

to help (vt)	å hjelpe	[ɔ 'jɛlpə]
to hide (vt)	å gjemme	[ɔ 'jɛmə]
to hope (vi, vt)	å håpe	[ɔ 'hoːpə]
to hunt (vi, vt)	å jage	[ɔ 'jagə]
to hurry (vi)	å skynde seg	[ɔ 'ʂynə sæj]

12. The most important verbs. Part 3

to inform (vt)	å informere	[ɔ infɔr'merə]
to insist (vi, vt)	å insistere	[ɔ insi'sterə]
to insult (vt)	å fornærme	[ɔ fɔːˈnærmə]
to invite (vt)	å innby, å invitere	[ɔ 'inby], [ɔ invi'terə]
to joke (vi)	å spøke	[ɔ 'spøkə]

to keep (vt)	å beholde	[ɔ be'hɔlə]
to keep silent	å tie	[ɔ 'tie]
to kill (vt)	å døde, å myrde	[ɔ 'dødə], [ɔ 'mʏːdə]
to know (sb)	å kjenne	[ɔ 'çɛnə]

to know (sth)	å vite	[ɔ 'vitə]
to laugh (vi)	å le, å skratte	[ɔ 'le], [ɔ 'skratə]
to liberate (city, etc.)	å befri	[ɔ be'fri]
to like (I like ...)	å like	[ɔ 'likə]
to look for ... (search)	å søke ...	[ɔ 'søkə ...]
to love (sb)	å elske	[ɔ 'ɛlskə]
to make a mistake	å gjøre feil	[ɔ 'jørə ˌfæjl]
to manage, to run	å styre, å lede	[ɔ 'styrə], [ɔ 'ledə]
to mean (signify)	å bety	[ɔ 'bety]
to mention (talk about)	å omtale, å nevne	[ɔ 'ɔmˌtalə], [ɔ 'nɛvnə]
to miss (school, etc.)	å skulke	[ɔ 'skʉlkə]
to notice (see)	å bemerke	[ɔ be'mærkə]
to object (vi, vt)	å innvende	[ɔ 'inˌvɛnə]
to observe (see)	å observere	[ɔ ɔbsɛr'verə]
to open (vt)	å åpne	[ɔ 'ɔpnə]
to order (meal, etc.)	å bestille	[ɔ be'stilə]
to order (mil.)	å beordre	[ɔ be'ɔrdrə]
to own (possess)	å besidde, å eie	[ɔ bɛ'sidə], [ɔ 'æje]
to participate (vi)	å delta	[ɔ 'dɛlta]
to pay (vi, vt)	å betale	[ɔ be'talə]
to permit (vt)	å tillate	[ɔ 'tiˌlatə]
to plan (vt)	å planlegge	[ɔ 'planˌlegə]
to play (children)	å leke	[ɔ 'lekə]
to pray (vi, vt)	å be	[ɔ 'be]
to prefer (vt)	å foretrekke	[ɔ 'forəˌtrɛkə]
to promise (vt)	å love	[ɔ 'lovə]
to pronounce (vt)	å uttale	[ɔ 'ʉtˌtalə]
to propose (vt)	å foreslå	[ɔ 'forəˌslɔ]
to punish (vt)	å straffe	[ɔ 'strafə]

13. The most important verbs. Part 4

to read (vi, vt)	å lese	[ɔ 'lesə]
to recommend (vt)	å anbefale	[ɔ 'anbeˌfalə]
to refuse (vi, vt)	å vegre seg	[ɔ 'vɛgrə sæj]
to regret (be sorry)	å beklage	[ɔ be'klagə]
to rent (sth from sb)	å leie	[ɔ 'læjə]
to repeat (say again)	å gjenta	[ɔ 'jɛnta]
to reserve, to book	å reservere	[ɔ resɛr'verə]
to run (vi)	å løpe	[ɔ 'løpə]
to save (rescue)	å redde	[ɔ 'rɛdə]
to say (~ thank you)	å si	[ɔ 'si]
to scold (vt)	å skjelle	[ɔ 'ʂɛ:lə]
to see (vt)	å se	[ɔ 'se]

to sell (vt)	å selge	[ɔ 'sɛlə]
to send (vt)	å sende	[ɔ 'sɛnə]
to shoot (vi)	å skyte	[ɔ 'ʂytə]
to shout (vi)	å skrike	[ɔ 'skrikə]
to show (vt)	å vise	[ɔ 'visə]
to sign (document)	å underskrive	[ɔ 'ʉnəˌʂkrivə]
to sit down (vi)	å sette seg	[ɔ 'sɛtə sæj]
to smile (vi)	å smile	[ɔ 'smilə]
to speak (vi, vt)	å tale	[ɔ 'talə]
to steal (money, etc.)	å stjele	[ɔ 'stjelə]
to stop (for pause, etc.)	å stoppe	[ɔ 'stɔpə]
to stop (please ~ calling me)	å slutte	[ɔ 'ʂlʉtə]
to study (vt)	å studere	[ɔ stʉ'derə]
to swim (vi)	å svømme	[ɔ 'svœmə]
to take (vt)	å ta	[ɔ 'ta]
to think (vi, vt)	å tenke	[ɔ 'tɛnkə]
to threaten (vt)	å true	[ɔ 'trʉə]
to touch (with hands)	å røre	[ɔ 'rørə]
to translate (vt)	å oversette	[ɔ 'ɔvəˌsɛtə]
to trust (vt)	å stole på	[ɔ 'stʉlə pɔ]
to try (attempt)	å prøve	[ɔ 'prøvə]
to turn (e.g., ~ left)	å svinge	[ɔ 'sviŋə]
to underestimate (vt)	å undervurdere	[ɔ 'ʉnərvʉːˌderə]
to understand (vt)	å forstå	[ɔ fɔ'ʂtɔ]
to unite (vt)	å forene	[ɔ fɔ'renə]
to wait (vt)	å vente	[ɔ 'vɛntə]
to want (wish, desire)	å ville	[ɔ 'vilə]
to warn (vt)	å varsle	[ɔ 'vaʂlə]
to work (vi)	å arbeide	[ɔ 'arˌbæjdə]
to write (vt)	å skrive	[ɔ 'skrivə]
to write down	å skrive ned	[ɔ 'skrivə ne]

14. Colors

color	farge (m)	['farɡə]
shade (tint)	nyanse (m)	[ny'ansə]
hue	fargetone (m)	['farɡəˌtʉnə]
rainbow	regnbue (m)	['ræjnˌbʉːə]
white (adj)	hvit	['vit]
black (adj)	svart	['svaːt]
gray (adj)	grå	['grɔ]
green (adj)	grønn	['grœn]

| yellow (adj) | gul | ['gʉl] |
| red (adj) | rød | ['rø] |

blue (adj)	blå	['blɔ]
light blue (adj)	lyseblå	['lysə͵blɔ]
pink (adj)	rosa	['rɔsa]
orange (adj)	oransje	[ɔ'ranʂɛ]
violet (adj)	fiolett	[fiʊ'lət]
brown (adj)	brun	['brʉn]

| golden (adj) | gullgul | ['gʉl] |
| silvery (adj) | sølv- | ['søl-] |

beige (adj)	beige	['bɛːʂ]
cream (adj)	kremfarget	['krɛm͵fargət]
turquoise (adj)	turkis	[tʉr'kis]
cherry red (adj)	kirsebærrød	['çiʂəbær͵rød]
lilac (adj)	lilla	['lila]
crimson (adj)	karminrød	['karmʊ'sin͵rød]

light (adj)	lys	['lys]
dark (adj)	mørk	['mœrk]
bright, vivid (adj)	klar	['klar]

colored (pencils)	farge-	['fargə-]
color (e.g., ~ film)	farge-	['fargə-]
black-and-white (adj)	svart-hvit	['svaːt̪ vit]
plain (one-colored)	ensfarget	['ɛns͵fargət]
multicolored (adj)	mangefarget	['maŋə͵fargət]

15. Questions

Who?	Hvem?	['vɛm]
What?	Hva?	['va]
Where? (at, in)	Hvor?	['vʊr]
Where (to)?	Hvorhen?	['vʊrhen]
From where?	Hvorfra?	['vʊrfra]
When?	Når?	[nɔr]
Why? (What for?)	Hvorfor?	['vʊrfʊr]
Why? (~ are you crying?)	Hvorfor?	['vʊrfʊr]

What for?	Hvorfor?	['vʊrfʊr]
How? (in what way)	Hvordan?	['vʊːdan]
What? (What kind of ...?)	Hvilken?	['vilkən]
Which?	Hvilken?	['vilkən]

To whom?	Til hvem?	[til 'vɛm]
About whom?	Om hvem?	[ɔm 'vɛm]
About what?	Om hva?	[ɔm 'va]
With whom?	Med hvem?	[me 'vɛm]

How many?	Hvor mange?	[vʊr 'maŋə]
How much?	Hvor mye?	[vʊr 'mye]
Whose?	Hvis?	['vis]

16. Prepositions

with (accompanied by)	med	[me]
without	uten	['ʉtən]
to (indicating direction)	til	['til]
about (talking ~ ...)	om	['ɔm]
before (in time)	før	['før]
in front of ...	foran, framfor	['fɔran], ['framfɔr]

under (beneath, below)	under	['ʉnər]
above (over)	over	['ɔvər]
on (atop)	på	['pɔ]
from (off, out of)	fra	['fra]
of (made from)	av	[ɑ:]

| in (e.g., ~ ten minutes) | om | ['ɔm] |
| over (across the top of) | over | ['ɔvər] |

17. Function words. Adverbs. Part 1

Where? (at, in)	Hvor?	['vʊr]
here (adv)	her	['hɛr]
there (adv)	der	['dɛr]

| somewhere (to be) | et sted | [et 'sted] |
| nowhere (not anywhere) | ingensteds | ['iŋən‚stɛts] |

| by (near, beside) | ved | ['ve] |
| by the window | ved vinduet | [ve 'vindʉə] |

Where (to)?	Hvorhen?	['vʊrhen]
here (e.g., come ~!)	hit	['hit]
there (e.g., to go ~)	dit	['dit]
from here (adv)	herfra	['hɛr‚fra]
from there (adv)	derfra	['dɛr‚fra]

| close (adv) | nær | ['nær] |
| far (adv) | langt | ['laŋt] |

near (e.g., ~ Paris)	nær	['nær]
nearby (adv)	i nærheten	[i 'nær‚hetən]
not far (adv)	ikke langt	['ikə 'laŋt]
left (adj)	venstre	['vɛnstrə]
on the left	til venstre	[til 'vɛnstrə]

English	Norwegian	Pronunciation
to the left	til venstre	[til 'vɛnstrə]
right (adj)	høyre	['højrə]
on the right	til høyre	[til 'højrə]
to the right	til høyre	[til 'højrə]
in front (adv)	foran	['fɔran]
front (as adj)	fremre	['frɛmrə]
ahead (the kids ran ~)	fram	['fram]
behind (adv)	bakom	['bakɔm]
from behind	bakfra	['bak‚fra]
back (towards the rear)	tilbake	[til'bakə]
middle	midt (m)	['mit]
in the middle	i midten	[i 'mitən]
at the side	fra siden	[fra 'sidən]
everywhere (adv)	overalt	[ɔvər'alt]
around (in all directions)	rundt omkring	['rʉnt ɔm'kriŋ]
from inside	innefra	['inə‚fra]
somewhere (to go)	et sted	[et 'sted]
straight (directly)	rett, direkte	['rɛt], ['di'rɛktə]
back (e.g., come ~)	tilbake	[til'bakə]
from anywhere	et eller annet steds fra	[et 'elər ‚a:nt 'stɛts fra]
from somewhere	et eller annet steds fra	[et 'elər ‚a:nt 'stɛts fra]
firstly (adv)	for det første	[fɔr de 'fœʂtə]
secondly (adv)	for det annet	[fɔr de 'a:nt]
thirdly (adv)	for det tredje	[fɔr de 'trɛdje]
suddenly (adv)	plutselig	['plʉtseli]
at first (in the beginning)	i begynnelsen	[i be'jinəlsən]
for the first time	for første gang	[fɔr 'fœʂtə ‚gaŋ]
long before ...	lenge før ...	['leŋə 'før ...]
anew (over again)	på nytt	[pɔ 'nʏt]
for good (adv)	for godt	[fɔr 'gɔt]
never (adv)	aldri	['aldri]
again (adv)	igjen	[i'jɛn]
now (adv)	nå	['nɔ]
often (adv)	ofte	['ɔftə]
then (adv)	da	['da]
urgently (quickly)	omgående	['ɔm‚gɔ:nə]
usually (adv)	vanligvis	['vanli‚vis]
by the way, ...	forresten, ...	[fɔ'rɛstən ...]
possible (that is ~)	mulig, kanskje	['mʉli], ['kanʂə]
probably (adv)	sannsynligvis	[san'sʏnli‚vis]
maybe (adv)	kanskje	['kanʂə]
besides ...	dessuten, ...	[des'ʉtən ...]

that's why ...	derfor ...	['dɛrfɔr ...]
in spite of ...	på tross av ...	['pɔ 'trɔs ɑː ...]
thanks to ...	takket være ...	['tɑkət ˌværə ...]
what (pron.)	hva	['vɑ]
that (conj.)	at	[ɑt]
something	noe	['nʊe]
anything (something)	noe	['nʊe]
nothing	ingenting	['iŋəntiŋ]
who (pron.)	hvem	['vɛm]
someone	noen	['nʊən]
somebody	noen	['nʊən]
nobody	ingen	['iŋən]
nowhere (a voyage to ~)	ingensteds	['iŋənˌstɛts]
nobody's	ingens	['iŋəns]
somebody's	noens	['nʊəns]
so (I'm ~ glad)	så	['sɔː]
also (as well)	også	['ɔsɔ]
too (as well)	også	['ɔsɔ]

18. Function words. Adverbs. Part 2

Why?	Hvorfor?	['vʊrfʊr]
for some reason	av en eller annen grunn	[ɑː en elər 'ɑnən ˌgrʉn]
because ...	fordi ...	[fɔ'di ...]
for some purpose	av en eller annen grunn	[ɑː en elər 'ɑnən ˌgrʉn]
and	og	['ɔ]
or	eller	['elər]
but	men	['men]
for (e.g., ~ me)	for, til	[fɔr], [til]
too (~ many people)	for, altfor	['fɔr], ['ɑltfɔr]
only (exclusively)	bare	['bɑrə]
exactly (adv)	presis, eksakt	[prɛ'sis], [ɛk'sɑkt]
about (more or less)	cirka	['sirkɑ]
approximately (adv)	omtrent	[ɔm'trɛnt]
approximate (adj)	omtrentlig	[ɔm'trɛntli]
almost (adv)	nesten	['nɛstən]
the rest	rest (m)	['rɛst]
the other (second)	den annen	[den 'ɑnən]
other (different)	andre	['ɑndrə]
each (adj)	hver	['vɛr]
any (no matter which)	hvilken som helst	['vilkən sɔm 'hɛlst]
many, much (a lot of)	mye	['mye]

| many people | mange | ['maŋə] |
| all (everyone) | alle | ['alə] |

in return for ...	til gjengjeld for ...	[til 'jɛnjɛl fɔr ...]
in exchange (adv)	istedenfor	[i'steden‚fɔr]
by hand (made)	for hånd	[fɔr 'hɔn]
hardly (negative opinion)	neppe	['nepə]

probably (adv)	sannsynligvis	[sɑn'sʏnli‚vis]
on purpose (intentionally)	med vilje	[me 'vilje]
by accident (adv)	tilfeldigvis	[til'fɛldivis]

very (adv)	meget	['meget]
for example (adv)	for eksempel	[fɔr ɛk'sɛmpəl]
between	mellom	['mɛlɔm]
among	blant	['blɑnt]
so much (such a lot)	så mye	['sɔ: mye]
especially (adv)	særlig	['sæ:li]

Basic concepts. Part 2

19. Weekdays

Monday	**mandag** (m)	[ˈmanˌda]
Tuesday	**tirsdag** (m)	[ˈtiʂˌda]
Wednesday	**onsdag** (m)	[ˈʊnsˌda]
Thursday	**torsdag** (m)	[ˈtɔʂˌda]
Friday	**fredag** (m)	[ˈfrɛˌda]
Saturday	**lørdag** (m)	[ˈlørˌda]
Sunday	**søndag** (m)	[ˈsønˌda]
today (adv)	**i dag**	[i ˈda]
tomorrow (adv)	**i morgen**	[i ˈmɔːən]
the day after tomorrow	**i overmorgen**	[i ˈɔvərˌmɔːən]
yesterday (adv)	**i går**	[i ˈgɔr]
the day before yesterday	**i forgårs**	[i ˈfɔrˌgɔʂ]
day	**dag** (m)	[ˈda]
working day	**arbeidsdag** (m)	[ˈarbæjdsˌda]
public holiday	**festdag** (m)	[ˈfɛstˌda]
day off	**fridag** (m)	[ˈfriˌda]
weekend	**ukeslutt** (m), **helg** (f)	[ˈʉkəˌslʉt], [ˈhɛlg]
all day long	**hele dagen**	[ˈhelə ˈdagən]
the next day (adv)	**neste dag**	[ˈnɛstə ˌda]
two days ago	**for to dager siden**	[fɔr tʉ ˈdagər ˌsidən]
the day before	**dagen før**	[ˈdagən ˈfør]
daily (adj)	**daglig**	[ˈdagli]
every day (adv)	**hver dag**	[ˈvɛr da]
week	**uke** (m/f)	[ˈʉkə]
last week (adv)	**siste uke**	[ˈsistə ˈʉkə]
next week (adv)	**i neste uke**	[i ˈnɛstə ˈʉkə]
weekly (adj)	**ukentlig**	[ˈʉkəntli]
every week (adv)	**hver uke**	[ˈvɛr ˈʉkə]
twice a week	**to ganger per uke**	[ˈtʉ ˈgaŋər per ˈʉkə]
every Tuesday	**hver tirsdag**	[ˈvɛr ˈtiʂda]

20. Hours. Day and night

morning	**morgen** (m)	[ˈmɔːən]
in the morning	**om morgenen**	[ɔm ˈmɔːenən]
noon, midday	**middag** (m)	[ˈmiˌda]

English	Norwegian	IPA
in the afternoon	om ettermiddagen	[ɔm 'ɛtərˌmidagən]
evening	kveld (m)	['kvɛl]
in the evening	om kvelden	[ɔm 'kvɛlən]
night	natt (m/f)	['nat]
at night	om natta	[ɔm 'nata]
midnight	midnatt (m/f)	['midˌnat]
second	sekund (m/n)	[se'kʉn]
minute	minutt (n)	[mi'nʉt]
hour	time (m)	['timə]
half an hour	halvtime (m)	['halˌtimə]
a quarter-hour	kvarter (n)	[kva:ʈer]
fifteen minutes	femten minutter	['fɛmtən mi'nʉtər]
24 hours	døgn (n)	['døjn]
sunrise	soloppgang (m)	['sʊlɔpˌgaŋ]
dawn	daggry (n)	['dagˌgry]
early morning	tidlig morgen (m)	['tili 'mɔ:ən]
sunset	solnedgang (m)	['sʊlnedˌgaŋ]
early in the morning	tidlig om morgenen	['tili ɔm 'mɔ:enən]
this morning	i morges	[i 'mɔrəs]
tomorrow morning	i morgen tidlig	[i 'mɔ:ən 'tili]
this afternoon	i formiddag	[i 'fɔrmiˌda]
in the afternoon	om ettermiddagen	[ɔm 'ɛtərˌmidagən]
tomorrow afternoon	i morgen ettermiddag	[i 'mɔ:ən 'ɛtərˌmida]
tonight (this evening)	i kveld	[i 'kvɛl]
tomorrow night	i morgen kveld	[i 'mɔ:ən ˌkvɛl]
at 3 o'clock sharp	presis klokka tre	[prɛ'sis 'klɔka tre]
about 4 o'clock	ved fire-tiden	[ve 'fire ˌtidən]
by 12 o'clock	innen klokken tolv	['inən 'klɔkən tɔl]
in 20 minutes	om tjue minutter	[ɔm 'çʉə mi'nʉtər]
in an hour	om en time	[ɔm en 'timə]
on time (adv)	i tide	[i 'tidə]
a quarter of ...	kvart på ...	['kva:ʈ pɔ ...]
within an hour	innen en time	['inən en 'timə]
every 15 minutes	hvert kvarter	['vɛ:ʈ kva:'ʈer]
round the clock	døgnet rundt	['døjne ˌrʉnt]

21. Months. Seasons

English	Norwegian	IPA
January	januar (m)	['janʉˌar]
February	februar (m)	['febrʉˌar]
March	mars (m)	['maʂ]
April	april (m)	[a'pril]

English	Norwegian	Pronunciation
May	mai (m)	['maj]
June	juni (m)	['jʉni]
July	juli (m)	['jʉli]
August	august (m)	[aʉ'gʉst]
September	september (m)	[sep'tɛmbər]
October	oktober (m)	[ɔk'tʊbər]
November	november (m)	[nʊ'vɛmbər]
December	desember (m)	[de'sɛmbər]
spring	vår (m)	['vɔːr]
in spring	om våren	[ɔm 'voːrən]
spring (as adj)	vår-, vårlig	['vɔːr-], ['vɔːli]
summer	sommer (m)	['sɔmər]
in summer	om sommeren	[ɔm 'sɔmerən]
summer (as adj)	sommer-	['sɔmər-]
fall	høst (m)	['høst]
in fall	om høsten	[ɔm 'høstən]
fall (as adj)	høst-, høstlig	['høst-], ['høstli]
winter	vinter (m)	['vintər]
in winter	om vinteren	[ɔm 'vinterən]
winter (as adj)	vinter-	['vintər-]
month	måned (m)	['moːnət]
this month	denne måneden	['dɛnə 'moːnedən]
next month	neste måned	['nɛstə 'moːnət]
last month	forrige måned	['fɔriə ˌmoːnət]
a month ago	for en måned siden	[fɔr en 'moːnət ˌsidən]
in a month (a month later)	om en måned	[ɔm en 'moːnət]
in 2 months (2 months later)	om to måneder	[ɔm 'tʊ 'moːnedər]
the whole month	en hel måned	[en 'hel 'moːnət]
all month long	hele måned	['helə 'moːnət]
monthly (~ magazine)	månedlig	['moːnədli]
monthly (adv)	månedligt	['moːnedlət]
every month	hver måned	[ˌvɛr 'moːnət]
twice a month	to ganger per måned	['tʊ 'gaŋər per 'moːnət]
year	år (n)	['ɔr]
this year	i år	[i 'oːr]
next year	neste år	['nɛstə ˌoːr]
last year	i fjor	[i 'fjor]
a year ago	for et år siden	[fɔr et 'oːr ˌsidən]
in a year	om et år	[ɔm et 'oːr]
in two years	om to år	[ɔm 'tʊ 'oːr]
the whole year	hele året	['helə 'oːre]

all year long	hele året	['helə 'oːre]
every year	hvert år	['vɛːt̪ 'oːr]
annual (adj)	årlig	['oːli]
annually (adv)	årlig, hvert år	['oːli], ['vɛːt̪ 'ɔr]
4 times a year	fire ganger per år	['fire 'gaŋər per 'oːr]

date (e.g., today's ~)	dato (m)	['datʊ]
date (e.g., ~ of birth)	dato (m)	['datʊ]
calendar	kalender (m)	[kɑ'lendər]

half a year	halvår (n)	['hal͵oːr]
six months	halvår (n)	['hal͵oːr]
season (summer, etc.)	årstid (m/f)	['oːs̪͵tid]
century	århundre (n)	['ɔr͵hʉndrə]

22. Units of measurement

weight	vekt (m)	['vɛkt]
length	lengde (m/f)	['leŋdə]
width	bredde (m)	['brɛdə]
height	høyde (m)	['højdə]
depth	dybde (m)	['dybdə]
volume	volum (n)	[vɔ'lʉm]
area	areal (n)	[͵are'al]

gram	gram (n)	['gram]
milligram	milligram (n)	['mili͵gram]
kilogram	kilogram (n)	['çilu͵gram]
ton	tonn (m/n)	['tɔn]
pound	pund (n)	['pʉn]
ounce	unse (m)	['ʉnsə]

meter	meter (m)	['metər]
millimeter	millimeter (m)	['mili͵metər]
centimeter	centimeter (m)	['sɛnti͵metər]
kilometer	kilometer (m)	['çilu͵metər]
mile	mil (m/f)	['mil]

inch	tomme (m)	['tɔmə]
foot	fot (m)	['fʊt]
yard	yard (m)	['jaːrd]

square meter	kvadratmeter (m)	[kva'drat͵metər]
hectare	hektar (n)	['hɛktar]

liter	liter (m)	['litər]
degree	grad (m)	['grad]
volt	volt (m)	['vɔlt]
ampere	ampere (m)	[am'pɛr]
horsepower	hestekraft (m/f)	['hɛstə͵kraft]

quantity	mengde (m)	['mɛŋdə]
a little bit of ...	få ...	['fɔ ...]
half	halvdel (m)	['haldel]
dozen	dusin (n)	[dʉ'sin]
piece (item)	stykke (n)	['stʏkə]

| size | størrelse (m) | ['stœrəlsə] |
| scale (map ~) | målestokk (m) | ['moːlə̩stɔk] |

minimal (adj)	minimal	[mini'mal]
the smallest (adj)	minste	['minstə]
medium (adj)	middel-	['midəl-]
maximal (adj)	maksimal	[maksi'mal]
the largest (adj)	største	['stœ̞ʂtə]

23. Containers

canning jar (glass ~)	glaskrukke (m/f)	['glas̩krʉkə]
can	boks (m)	['bɔks]
bucket	bøtte (m/f)	['bœtə]
barrel	tønne (m)	['tœnə]

wash basin (e.g., plastic ~)	vaskefat (n)	['vaskə̩fat]
tank (100L water ~)	tank (m)	['taŋk]
hip flask	lommelerke (m/f)	['lʉmə̩lærkə]
jerrycan	bensinkanne (m/f)	[bɛn'sin̩kanə]
tank (e.g., tank car)	tank (m)	['taŋk]

mug	krus (n)	['krʉs]
cup (of coffee, etc.)	kopp (m)	['kɔp]
saucer	tefat (n)	['te̩fat]
glass (tumbler)	glass (n)	['glas]
wine glass	vinglass (n)	['vin̩glas]
stock pot (soup pot)	gryte (m/f)	['grytə]

| bottle (~ of wine) | flaske (m) | ['flaskə] |
| neck (of the bottle, etc.) | flaskehals (m) | ['flaskə̩hals] |

carafe (decanter)	karaffel (m)	[ka'rafəl]
pitcher	mugge (m/f)	['mʉgə]
vessel (container)	beholder (m)	[be'hɔlər]
pot (crock, stoneware ~)	pott, potte (m)	['pɔt], ['pɔtə]
vase	vase (m)	['vasə]

bottle (perfume ~)	flakong (m)	[fla'kɔŋ]
vial, small bottle	flaske (m/f)	['flaskə]
tube (of toothpaste)	tube (m)	['tʉbə]

| sack (bag) | sekk (m) | ['sɛk] |
| bag (paper ~, plastic ~) | pose (m) | ['pʊsə] |

pack (of cigarettes, etc.)	**pakke** (m/f)	['pakə]
box (e.g., shoebox)	**eske** (m/f)	['ɛskə]
crate	**kasse** (m/f)	['kasə]
basket	**kurv** (m)	['kʉrv]

HUMAN BEING

Human being. The body

24. Head

head	**hode** (n)	['hudə]
face	**ansikt** (n)	['ansikt]
nose	**nese** (m/f)	['nesə]
mouth	**munn** (m)	['mun]
eye	**øye** (n)	['øjə]
eyes	**øyne** (n pl)	['øjnə]
pupil	**pupill** (m)	[pu'pil]
eyebrow	**øyenbryn** (n)	['øjənˌbryn]
eyelash	**øyenvipp** (m)	['øjənˌvip]
eyelid	**øyelokk** (m)	['øjəˌlɔk]
tongue	**tunge** (m/f)	['tuŋə]
tooth	**tann** (m/f)	['tan]
lips	**lepper** (m/f pl)	['lepər]
cheekbones	**kinnbein** (n pl)	['çinˌbæjn]
gum	**tannkjøtt** (n)	['tanˌçœt]
palate	**gane** (m)	['ganə]
nostrils	**nesebor** (n pl)	['nesəˌbur]
chin	**hake** (m/f)	['hakə]
jaw	**kjeve** (m)	['çɛvə]
cheek	**kinn** (n)	['çin]
forehead	**panne** (m/f)	['panə]
temple	**tinning** (m)	['tiniŋ]
ear	**øre** (n)	['ørə]
back of the head	**bakhode** (n)	['bakˌhodə]
neck	**hals** (m)	['hals]
throat	**strupe, hals** (m)	['strupə], ['hals]
hair	**hår** (n pl)	['hɔr]
hairstyle	**frisyre** (m)	[fri'syrə]
haircut	**hårfasong** (m)	['hoːrfaˌsɔŋ]
wig	**parykk** (m)	[pa'rʏk]
mustache	**mustasje** (m)	[mu'staʂə]
beard	**skjegg** (n)	['ʂɛg]
to have (a beard, etc.)	**å ha**	[ɔ 'ha]

| braid | flette (m/f) | ['fletə] |
| sideburns | bakkenbarter (pl) | ['bakən͵bɑːtər] |

red-haired (adj)	rødhåret	['rø͵hoːrət]
gray (hair)	grå	['grɔ]
bald (adj)	skallet	['skalət]
bald patch	skallet flekk (m)	['skalət ͵flek]

| ponytail | hestehale (m) | ['hɛstə͵halə] |
| bangs | pannelugg (m) | ['panə͵lʉg] |

25. Human body

hand	hånd (m/f)	['hɔn]
arm	arm (m)	['ɑrm]
finger	finger (m)	['fiŋər]
toe	tå (m/f)	['tɔ]
thumb	tommel (m)	['toməl]
little finger	lillefinger (m)	['lilə͵fiŋər]
nail	negl (m)	['nɛjl]

fist	knyttneve (m)	['knʏt͵nevə]
palm	håndflate (m/f)	['hɔn͵flɑtə]
wrist	håndledd (n)	['hɔn͵led]
forearm	underarm (m)	['ʉnər͵ɑrm]
elbow	albue (m)	['al͵bʉə]
shoulder	skulder (m)	['skʉldər]

leg	bein (n)	['bæjn]
foot	fot (m)	['fʊt]
knee	kne (n)	['knɛ]
calf (part of leg)	legg (m)	['leg]
hip	hofte (m)	['hoftə]
heel	hæl (m)	['hæl]

body	kropp (m)	['krɔp]
stomach	mage (m)	['mɑgə]
chest	bryst (n)	['brʏst]
breast	bryst (n)	['brʏst]
flank	side (m/f)	['sidə]
back	rygg (m)	['rʏg]
lower back	korsrygg (m)	['kɔːs͵rʏg]
waist	liv (n), midje (m/f)	['liv], ['midjə]
navel (belly button)	navle (m)	['nɑvlə]
buttocks	rumpeballer (m pl)	['rʉmpə͵balər]
bottom	bak (m)	['bɑk]

| beauty mark | føflekk (m) | ['fø͵flek] |
| birthmark (café au lait spot) | fødselsmerke (n) | ['føtsəls͵mærkə] |

| tattoo | **tatovering** (m/f) | [tɑtuˈvɛriŋ] |
| scar | **arr** (n) | [ˈɑr] |

Clothing & Accessories

26. Outerwear. Coats

clothes	klær (n)	['klær]
outerwear	yttertøy (n)	['ytə‚tøj]
winter clothing	vinterklær (n pl)	['vintər‚klær]
coat (overcoat)	frakk (m), kåpe (m/f)	['frɑk], ['koːpə]
fur coat	pels (m), pelskåpe (m/f)	['pɛls], ['pɛls‚koːpə]
fur jacket	pelsjakke (m/f)	['pɛls‚jakə]
down coat	dunjakke (m/f)	['dʉn‚jakə]
jacket (e.g., leather ~)	jakke (m/f)	['jakə]
raincoat (trenchcoat, etc.)	regnfrakk (m)	['ræjn‚frɑk]
waterproof (adj)	vanntett	['vɑn‚tɛt]

27. Men's & women's clothing

shirt (button shirt)	skjorte (m/f)	['ʂœːtə]
pants	bukse (m)	['bʉksə]
jeans	jeans (m)	['dʒins]
suit jacket	dressjakke (m/f)	['drɛs‚jakə]
suit	dress (m)	['drɛs]
dress (frock)	kjole (m)	['çulə]
skirt	skjørt (n)	['ʂøːt]
blouse	bluse (m)	['blʉsə]
knitted jacket (cardigan, etc.)	strikket trøye (m/f)	['strikə 'trøjə]
jacket (of woman's suit)	blazer (m)	['blæsər]
T-shirt	T-skjorte (m/f)	['te‚ʂœːtə]
shorts (short trousers)	shorts (m)	['ʂɔːts]
tracksuit	treningsdrakt (m/f)	['treniŋs‚drɑkt]
bathrobe	badekåpe (m/f)	['bɑdə‚koːpə]
pajamas	pyjamas (m)	[py'ʂamas]
sweater	sweater (m)	['svɛtər]
pullover	pullover (m)	[pʉ'lɔvər]
vest	vest (m)	['vɛst]
tailcoat	livkjole (m)	['liv‚çulə]
tuxedo	smoking (m)	['smɔkiŋ]

uniform	uniform (m)	[ʉni'fɔrm]
workwear	arbeidsklær (n pl)	['arbæjdsˌklær]
overalls	kjeledress, overall (m)	['çeləˌdrɛs], ['ɔvɛrˌɔl]
coat (e.g., doctor's smock)	kittel (m)	['çitəl]

28. Clothing. Underwear

underwear	undertøy (n)	['ʉnəˌtøj]
boxers, briefs	underbukse (m/f)	['ʉnərˌbʉksə]
panties	truse (m/f)	['trʉsə]
undershirt (A-shirt)	undertrøye (m/f)	['ʉnəˌtrøjə]
socks	sokker (m pl)	['sɔkər]

nightgown	nattkjole (m)	['natˌçulə]
bra	behå (m)	['beˌhɔ]
knee highs (knee-high socks)	knestrømper (m/f pl)	['knɛˌstrømpər]
pantyhose	strømpebukse (m/f)	['strømpəˌbʉksə]
stockings (thigh highs)	strømper (m/f pl)	['strømpər]
bathing suit	badedrakt (m/f)	['badəˌdrakt]

29. Headwear

hat	hatt (m)	['hat]
fedora	hatt (m)	['hat]
baseball cap	baseball cap (m)	['bɛjsbɔl kɛp]
flatcap	sikspens (m)	['sikspens]

beret	alpelue, baskerlue (m/f)	['alpəˌlʉə], ['baskəˌlʉə]
hood	hette (m/f)	['hɛtə]
panama hat	panamahatt (m)	['panamaˌhat]
knit cap (knitted hat)	strikket lue (m/f)	['strikəˌlʉə]

headscarf	skaut (n)	['skaʉt]
women's hat	hatt (m)	['hat]
hard hat	hjelm (m)	['jɛlm]
garrison cap	båtlue (m/f)	['bɔtˌlʉə]
helmet	hjelm (m)	['jɛlm]

| derby | bowlerhatt, skalk (m) | ['boʉlerˌhat], ['skalk] |
| top hat | flosshatt (m) | ['flɔsˌhat] |

30. Footwear

| footwear | skotøy (n) | ['skʊtøj] |
| shoes (men's shoes) | skor (m pl) | ['skʊr] |

shoes (women's shoes)	pumps (m pl)	['pʉmps]
boots (e.g., cowboy ~)	støvler (m pl)	['støvlər]
slippers	tøfler (m pl)	['tøflər]

tennis shoes (e.g., Nike ~)	tennissko (m pl)	['tɛnisˌskʉ]
sneakers (e.g., Converse ~)	canvas sko (m pl)	['kanvas ˌskʉ]
sandals	sandaler (m pl)	[sanˈdalər]

cobbler (shoe repairer)	skomaker (m)	['skʉˌmakər]
heel	hæl (m)	['hæl]
pair (of shoes)	par (n)	['pɑr]

shoestring	skolisse (m/f)	['skʉˌlisə]
to lace (vt)	å snøre	[ɔ 'snørə]
shoehorn	skohorn (n)	['skʉˌhuːn]
shoe polish	skokrem (m)	['skʉˌkrɛm]

31. Personal accessories

gloves	hansker (m pl)	['hanskər]
mittens	votter (m pl)	['votər]
scarf (muffler)	skjerf (n)	['ʂærf]

glasses (eyeglasses)	briller (m pl)	['brilər]
frame (eyeglass ~)	innfatning (m/f)	['inˌfatniŋ]
umbrella	paraply (m)	[paraˈply]
walking stick	stokk (m)	['stɔk]

| hairbrush | hårbørste (m) | ['hɔrˌbœʂtə] |
| fan | vifte (m/f) | ['viftə] |

| tie (necktie) | slips (n) | ['slips] |
| bow tie | sløyfe (m/f) | ['ʂløjfə] |

| suspenders | bukseseler (m pl) | ['bʉksəˈselər] |
| handkerchief | lommetørkle (n) | ['lʉməˌtœrklə] |

| comb | kam (m) | ['kam] |
| barrette | hårspenne (m/f/n) | ['hoːrˌspɛnə] |

| hairpin | hårnål (m/f) | ['hoːrˌnol] |
| buckle | spenne (m/f/n) | ['spɛnə] |

| belt | belte (m) | ['bɛltə] |
| shoulder strap | skulderreim, rem (m/f) | ['skʉldəˌræjm], ['rɛm] |

bag (handbag)	veske (m/f)	['vɛskə]
purse	håndveske (m/f)	['hɔnˌvɛskə]
backpack	ryggsekk (m)	['rygˌsɛk]

32. Clothing. Miscellaneous

fashion	mote (m)	['mʉtə]
in vogue (adj)	moteriktig	['mʉtə,rikti]
fashion designer	moteskaper (m)	['mʉtə,skapər]
collar	krage (m)	['kragə]
pocket	lomme (m/f)	['lʉmə]
pocket (as adj)	lomme-	['lʉmə-]
sleeve	erme (n)	['ærmə]
hanging loop	hempe (m)	['hɛmpə]
fly (on trousers)	gylf, buksesmekk (m)	['gylf], ['bʉksə,smɛk]
zipper (fastener)	glidelås (m/n)	['glidə,lɔs]
fastener	hekte (m/f), knepping (m)	['hɛktə], ['knɛpiŋ]
button	knapp (m)	['knap]
buttonhole	klapphull (n)	['klap,hʉl]
to come off (ab. button)	å falle av	[ɔ 'falə a:]
to sew (vi, vt)	å sy	[ɔ 'sy]
to embroider (vi, vt)	å brodere	[ɔ brʉ'derə]
embroidery	broderi (n)	[brʉde'ri]
sewing needle	synål (m/f)	['sy,nɔl]
thread	tråd (m)	['trɔ]
seam	søm (m)	['søm]
to get dirty (vi)	å skitne seg til	[ɔ 'ʂitnə sæj til]
stain (mark, spot)	flekk (m)	['flek]
to crease, crumple (vi)	å bli skrukkete	[ɔ 'bli 'skrʉkətə]
to tear, to rip (vt)	å rive	[ɔ 'rivə]
clothes moth	møll (m/n)	['møl]

33. Personal care. Cosmetics

toothpaste	tannpasta (m)	['tan,pasta]
toothbrush	tannbørste (m)	['tan,bœʂtə]
to brush one's teeth	å pusse tennene	[ɔ 'pʉsə 'tɛnənə]
razor	høvel (m)	['høvəl]
shaving cream	barberkrem (m)	[bar'bɛr,krɛm]
to shave (vi)	å barbere seg	[ɔ bar'berə sæj]
soap	såpe (m/f)	['so:pə]
shampoo	sjampo (m)	['ʂam,pʉ]
scissors	saks (m/f)	['saks]
nail file	neglefil (m/f)	['nɛjlə,fil]
nail clippers	negleklipper (m)	['nɛjlə,klipər]
tweezers	pinsett (m)	[pin'sɛt]

cosmetics	kosmetikk (m)	[kʉsme'tik]
face mask	ansiktsmaske (m/f)	['ansikts‚maskə]
manicure	manikyr (m)	[mɑni'kyr]
to have a manicure	å få manikyr	[ɔ 'fɔ mɑni'kyr]
pedicure	pedikyr (m)	[pedi'kyr]

make-up bag	sminkeveske (m/f)	['sminkə‚vɛskə]
face powder	pudder (n)	['pʉdər]
powder compact	pudderdåse (m)	['pʉdər‚doːse]
blusher	rouge (m)	['ruːʂ]

perfume (bottled)	parfyme (m)	[pɑr'fymə]
toilet water (lotion)	eau de toilette (m)	['ɔː də twɑ'let]
lotion	lotion (m)	['louʂɛn]
cologne	eau de cologne (m)	['ɔː də kɔ'lɔŋ]

eyeshadow	øyeskygge (m)	['øjə‚sygə]
eyeliner	eyeliner (m)	['ɑːj‚lɑjnər]
mascara	maskara (m)	[mɑ'skɑrɑ]

lipstick	leppestift (m)	['lepə‚stift]
nail polish, enamel	neglelakk (m)	['nɛjlə‚lɑk]
hair spray	hårlakk (m)	['hoːr‚lɑk]
deodorant	deodorant (m)	[deudʉ'rɑnt]

cream	krem (m)	['krɛm]
face cream	ansiktskrem (m)	['ansikts‚krɛm]
hand cream	håndkrem (m)	['hɔn‚krɛm]
anti-wrinkle cream	antirynkekrem (m)	[anti'rʏnkə‚krɛm]
day cream	dagkrem (m)	['dɑg‚krɛm]
night cream	nattkrem (m)	['nɑt‚krɛm]
day (as adj)	dag-	['dɑg-]
night (as adj)	natt-	['nɑt-]

tampon	tampong (m)	[tɑm'pɔŋ]
toilet paper (toilet roll)	toalettpapir (n)	[tʉɑ'let pɑ'pir]
hair dryer	hårføner (m)	['hoːr‚fønər]

34. Watches. Clocks

watch (wristwatch)	armbåndsur (n)	['ɑrmbɔns‚ʉr]
dial	urskive (m/f)	['ʉː‚ʂivə]
hand (of clock, watch)	viser (m)	['visər]
metal watch band	armbånd (n)	['ɑrm‚bɔn]
watch strap	rem (m/f)	['rem]

battery	batteri (n)	[bɑtɛ'ri]
to be dead (battery)	å bli utladet	[ɔ 'bli 'ʉt‚lɑdət]
to change a battery	å skifte batteriene	[ɔ 'ʂifte bɑtɛ'rienə]
to run fast	å gå for fort	[ɔ 'gɔ fɔ 'foːt]

to run slow	**å gå for sakte**	[ɔ 'gɔ fɔ 'sɑktə]
wall clock	**veggur** (n)	['vɛg‚ʉr]
hourglass	**timeglass** (n)	['timə‚glɑs]
sundial	**solur** (n)	['sʊl‚ʉr]
alarm clock	**vekkerklokka** (m/f)	['vɛkər‚klɔkɑ]
watchmaker	**urmaker** (m)	['ʉr‚mɑkər]
to repair (vt)	**å reparere**	[ɔ repɑ'rerə]

Food. Nutricion

35. Food

English	Norwegian	Pronunciation
meat	kjøtt (n)	['çœt]
chicken	høne (m/f)	['hønə]
Rock Cornish hen (poussin)	kylling (m)	['çyliŋ]
duck	and (m/f)	['an]
goose	gås (m/f)	['gɔs]
game	vilt (n)	['vilt]
turkey	kalkun (m)	[kɑl'kʉn]
pork	svinekjøtt (n)	['svinə‚çœt]
veal	kalvekjøtt (n)	['kɑlvə‚çœt]
lamb	fårekjøtt (n)	['foːrə‚çœt]
beef	oksekjøtt (n)	['ɔksə‚çœt]
rabbit	kanin (m)	[kɑ'nin]
sausage (bologna, pepperoni, etc.)	pølse (m/f)	['pølsə]
vienna sausage (frankfurter)	wienerpølse (m/f)	['vinər‚pølsə]
bacon	bacon (n)	['bɛjkən]
ham	skinke (m)	['ʂinkə]
gammon	skinke (m)	['ʂinkə]
pâté	pate, paté (m)	[pɑ'te]
liver	lever (m)	['levər]
hamburger (ground beef)	kjøttfarse (m)	['çœt‚fɑrʂə]
tongue	tunge (m/f)	['tʉŋə]
egg	egg (n)	['ɛg]
eggs	egg (n pl)	['ɛg]
egg white	eggehvite (m)	['ɛgə‚vitə]
egg yolk	plomme (m/f)	['plʊmə]
fish	fisk (m)	['fisk]
seafood	sjømat (m)	['ʂø‚mɑt]
crustaceans	krepsdyr (n pl)	['krɛps‚dyr]
caviar	kaviar (m)	['kɑvi‚ɑr]
crab	krabbe (m)	['krɑbə]
shrimp	reke (m/f)	['rekə]
oyster	østers (m)	['østəʂ]
spiny lobster	langust (m)	[lɑŋ'gʉst]

| octopus | blekksprut (m) | ['blek͵sprʉt] |
| squid | blekksprut (m) | ['blek͵sprʉt] |

sturgeon	stør (m)	['stør]
salmon	laks (m)	['lɑks]
halibut	kveite (m/f)	['kvæjtə]

cod	torsk (m)	['tɔʂk]
mackerel	makrell (m)	[mɑ'krɛl]
tuna	tunfisk (m)	['tʉn͵fisk]
eel	ål (m)	['ɔl]

trout	ørret (m)	['øret]
sardine	sardin (m)	[sɑ:'din]
pike	gjedde (m/f)	['jɛdə]
herring	sild (m/f)	['sil]

bread	brød (n)	['brø]
cheese	ost (m)	['ʊst]
sugar	sukker (n)	['sʉkər]
salt	salt (n)	['salt]

rice	ris (m)	['ris]
pasta (macaroni)	pasta, makaroni (m)	['pasta], [mɑkɑ'rʊni]
noodles	nudler (m pl)	['nʉdlər]

butter	smør (n)	['smør]
vegetable oil	vegetabilsk olje (m)	[vegetɑ'bilsk ͵ɔljə]
sunflower oil	solsikkeolje (m)	['sʊlsikə͵ɔljə]
margarine	margarin (m)	[mɑrgɑ'rin]

| olives | olivener (m pl) | [ʊ'livenər] |
| olive oil | olivenolje (m) | [ʊ'liven͵ɔljə] |

milk	melk (m/f)	['mɛlk]
condensed milk	kondensert melk (m/f)	[kʊndən'se:ʈ ͵mɛlk]
yogurt	jogurt (m)	['jɔgʉ:t]

| sour cream | rømme, syrnet fløte (m) | ['rœmə], ['sy:ɳet 'fløtə] |
| cream (of milk) | fløte (m) | ['fløtə] |

| mayonnaise | majones (m) | [mɑjɔ'nɛs] |
| buttercream | krem (m) | ['krɛm] |

cereal grains (wheat, etc.)	gryn (n)	['gryn]
flour	mel (n)	['mel]
canned food	hermetikk (m)	[hɛrme'tik]

cornflakes	cornflakes (m)	['kɔ:ɳ͵flejks]
honey	honning (m)	['hɔniŋ]
jam	syltetøy (n)	['syltə͵tøj]
chewing gum	tyggegummi (m)	['tygə͵gʉmi]

36. Drinks

water	vann (n)	['van]
drinking water	drikkevann (n)	['drikə‚van]
mineral water	mineralvann (n)	[minə'ral‚van]
still (adj)	uten kullsyre	['ʉtən kʉl'syrə]
carbonated (adj)	kullsyret	[kʉl'syrət]
sparkling (adj)	med kullsyre	[me kʉl'syrə]
ice	is (m)	['is]
with ice	med is	[me 'is]
non-alcoholic (adj)	alkoholfri	['alkʊhʊl‚fri]
soft drink	alkoholfri drikk (m)	['alkʊhʊl‚fri drik]
refreshing drink	leskedrikk (m)	['leskə‚drik]
lemonade	limonade (m)	[limɔ'nadə]
liquors	rusdrikker (m pl)	['rʉs‚drikər]
wine	vin (m)	['vin]
white wine	hvitvin (m)	['vit‚vin]
red wine	rødvin (m)	['rø‚vin]
liqueur	likør (m)	[li'kør]
champagne	champagne (m)	[ʂam'panjə]
vermouth	vermut (m)	['værmʉt]
whiskey	whisky (m)	['viski]
vodka	vodka (m)	['vɔdka]
gin	gin (m)	['dʒin]
cognac	konjakk (m)	['kʊnjak]
rum	rom (m)	['rʊm]
coffee	kaffe (m)	['kafə]
black coffee	svart kaffe (m)	['svɑːʈ 'kafə]
coffee with milk	kaffe (m) med melk	['kafə me 'mɛlk]
cappuccino	cappuccino (m)	[kapʊ'tʃinɔ]
instant coffee	pulverkaffe (m)	['pʉlvər‚kafə]
milk	melk (m/f)	['mɛlk]
cocktail	cocktail (m)	['kɔk‚tɛjl]
milkshake	milkshake (m)	['milk‚ʂɛjk]
juice	jus, juice (m)	['dʒʉs]
tomato juice	tomatjuice (m)	[tʊ'mat‚dʒʉs]
orange juice	appelsinjuice (m)	[apel'sin‚dʒʉs]
freshly squeezed juice	nypresset juice (m)	['ny‚prɛsə 'dʒʉs]
beer	øl (m/n)	['øl]
light beer	lettøl (n)	['let‚øl]
dark beer	mørkt øl (n)	['mœrkt‚øl]
tea	te (m)	['te]

| black tea | svart te (m) | ['svɑːt̩ˌte] |
| green tea | grønn te (m) | ['grœnˌte] |

37. Vegetables

| vegetables | grønnsaker (m pl) | ['grœnˌsɑkər] |
| greens | grønnsaker (m pl) | ['grœnˌsɑkər] |

tomato	tomat (m)	[tʊ'mɑt]
cucumber	agurk (m)	[ɑ'gʉrk]
carrot	gulrot (m/f)	['gʉlˌrʊt]
potato	potet (m/f)	[pʊ'tet]
onion	løk (m)	['løk]
garlic	hvitløk (m)	['vitˌløk]

cabbage	kål (m)	['kɔl]
cauliflower	blomkål (m)	['blɔmˌkɔl]
Brussels sprouts	rosenkål (m)	['rʊsənˌkɔl]
broccoli	brokkoli (m)	['brɔkɔli]

beetroot	rødbete (m/f)	['røˌbetə]
eggplant	aubergine (m)	[ɔbɛr'ʂin]
zucchini	squash (m)	['skvɔʂ]
pumpkin	gresskar (n)	['grɛskɑr]
turnip	nepe (m/f)	['nepə]

parsley	persille (m/f)	[pæ'ʂilə]
dill	dill (m)	['dil]
lettuce	salat (m)	[sɑ'lɑt]
celery	selleri (m/n)	[sɛleˌri]
asparagus	asparges (m)	[ɑ'spɑrʂəs]
spinach	spinat (m)	[spi'nɑt]

pea	erter (m pl)	['æːtər]
beans	bønner (m/f pl)	['bœnər]
corn (maize)	mais (m)	['mɑis]
kidney bean	bønne (m/f)	['bœnə]

bell pepper	pepper (m)	['pɛpər]
radish	reddik (m)	['rɛdik]
artichoke	artisjokk (m)	[ˌɑːʈi'ʂɔk]

38. Fruits. Nuts

fruit	frukt (m/f)	['frʉkt]
apple	eple (n)	['ɛplə]
pear	pære (m/f)	['pærə]
lemon	sitron (m)	[si'trʊn]

| orange | appelsin (m) | [ɑpel'sin] |
| strawberry (garden ~) | jordbær (n) | ['juːrˌbær] |

mandarin	mandarin (m)	[mɑndɑ'rin]
plum	plomme (m/f)	['plʉmə]
peach	fersken (m)	['fæʂkən]
apricot	aprikos (m)	[ɑpri'kʊs]
raspberry	bringebær (n)	['briŋəˌbær]
pineapple	ananas (m)	['ɑnɑnɑs]

banana	banan (m)	[bɑ'nɑn]
watermelon	vannmelon (m)	['vɑnmeˌlʊn]
grape	drue (m)	['drʉe]
sour cherry	kirsebær (n)	['çiʂəˌbær]
sweet cherry	morell (m)	[mʊ'rɛl]
melon	melon (m)	[me'lun]

grapefruit	grapefrukt (m/f)	['grɛjpˌfrʉkt]
avocado	avokado (m)	[ɑvɔ'kɑdɔ]
papaya	papaya (m)	[pɑ'pɑjɑ]
mango	mango (m)	['mɑŋu]
pomegranate	granateple (n)	[grɑ'nɑtˌɛplə]

redcurrant	rips (m)	['rips]
blackcurrant	solbær (n)	['sʊlˌbær]
gooseberry	stikkelsbær (n)	['stikəlsˌbær]
bilberry	blåbær (n)	['blɔˌbær]
blackberry	bjørnebær (m)	['bjœːnəˌbær]

raisin	rosin (m)	[rʊ'sin]
fig	fiken (m)	['fikən]
date	daddel (m)	['dɑdəl]

peanut	jordnøtt (m)	['juːrˌnœt]
almond	mandel (m)	['mɑndəl]
walnut	valnøtt (m/f)	['vɑlˌnœt]
hazelnut	hasselnøtt (m/f)	['hɑsəlˌnœt]
coconut	kokosnøtt (m/f)	['kʊkʊsˌnœt]
pistachios	pistasier (m pl)	[pi'stɑʂiər]

39. Bread. Candy

bakers' confectionery (pastry)	bakevarer (m/f pl)	['bɑkəˌvɑrər]
bread	brød (n)	['brø]
cookies	kjeks (m)	['çɛks]

chocolate (n)	sjokolade (m)	[ʂʊkʊ'lɑdə]
chocolate (as adj)	sjokolade-	[ʂʊkʊ'lɑdə-]
candy (wrapped)	sukkertøy (n), karamell (m)	['sʉkəːtøj], [kɑrɑ'mɛl]

cake (e.g., cupcake)	kake (m/f)	['kɑkə]
cake (e.g., birthday ~)	bløtkake (m/f)	['bløt͜ˌkɑkə]
pie (e.g., apple ~)	pai (m)	['pɑj]
filling (for cake, pie)	fyll (m/n)	['fʏl]
jam (whole fruit jam)	syltetøy (n)	['sʏltəˌtøj]
marmalade	marmelade (m)	[mɑrmeˈlɑdə]
waffles	vaffel (m)	['vɑfəl]
ice-cream	iskrem (m)	['iskrɛm]
pudding	pudding (m)	['pʉdiŋ]

40. Cooked dishes

course, dish	rett (m)	['rɛt]
cuisine	kjøkken (n)	['çœkən]
recipe	oppskrift (m)	['ɔpˌskrift]
portion	porsjon (m)	[pɔˈʂʉn]
salad	salat (m)	[sɑˈlɑt]
soup	suppe (m/f)	['sʉpə]
clear soup (broth)	buljong (m)	[buˈljɔŋ]
sandwich (bread)	smørbrød (n)	['smørˌbrø]
fried eggs	speilegg (n)	['spæjlˌɛg]
hamburger (beefburger)	hamburger (m)	['hɑmbʉrɡər]
beefsteak	biff (m)	['bif]
side dish	tilbehør (n)	['tilbəˌhør]
spaghetti	spagetti (m)	[spɑˈɡɛti]
mashed potatoes	potetmos (m)	[pʉˈtetˌmʉs]
pizza	pizza (m)	['pitsɑ]
porridge (oatmeal, etc.)	grøt (m)	['grøt]
omelet	omelett (m)	[ɔməˈlet]
boiled (e.g., ~ beef)	kokt	['kʉkt]
smoked (adj)	røkt	['røkt]
fried (adj)	stekt	['stɛkt]
dried (adj)	tørket	['tœrkət]
frozen (adj)	frossen, dypfryst	['frɔsən], ['dʏpˌfrʏst]
pickled (adj)	syltet	['sʏltət]
sweet (sugary)	søt	['søt]
salty (adj)	salt	['sɑlt]
cold (adj)	kald	['kɑl]
hot (adj)	het, varm	['het], ['vɑrm]
bitter (adj)	bitter	['bitər]
tasty (adj)	lekker	['lekər]
to cook in boiling water	å koke	[ɔ 'kʉkə]

to cook (dinner)	å lage	[ɔ 'lagə]
to fry (vt)	å steke	[ɔ 'stekə]
to heat up (food)	å varme opp	[ɔ 'vɑrmə ɔp]

to salt (vt)	å salte	[ɔ 'sɑltə]
to pepper (vt)	å pepre	[ɔ 'pɛprə]
to grate (vt)	å rive	[ɔ 'rivə]
peel (n)	skall (n)	['skɑl]
to peel (vt)	å skrelle	[ɔ 'skrɛlə]

41. Spices

salt	salt (n)	['sɑlt]
salty (adj)	salt	['sɑlt]
to salt (vt)	å salte	[ɔ 'sɑltə]

black pepper	svart pepper (m)	['svɑːʈ 'pɛpər]
red pepper (milled ~)	rød pepper (m)	['rø 'pɛpər]
mustard	sennep (m)	['sɛnəp]
horseradish	pepperrot (m/f)	['pɛpərˌrʊt]

condiment	krydder (n)	['krʏdər]
spice	krydder (n)	['krʏdər]
sauce	saus (m)	['sɑʊs]
vinegar	eddik (m)	['ɛdik]

anise	anis (m)	['ɑnis]
basil	basilik (m)	[bɑsi'lik]
cloves	nellik (m)	['nɛlik]
ginger	ingefær (m)	['iŋəˌfæːr]
coriander	koriander (m)	[kʊri'ɑndər]
cinnamon	kanel (m)	[kɑ'nel]

sesame	sesam (m)	['sesɑm]
bay leaf	laurbærblad (n)	['lɑʊrbærˌblɑ]
paprika	paprika (m)	['pɑprikɑ]
caraway	karve, kummin (m)	['kɑrvə], ['kʉmin]
saffron	safran (m)	[sɑ'frɑn]

42. Meals

| food | mat (m) | ['mɑt] |
| to eat (vi, vt) | å spise | [ɔ 'spisə] |

breakfast	frokost (m)	['frʊkɔst]
to have breakfast	å spise frokost	[ɔ 'spisə ˌfrʊkɔst]
lunch	lunsj, lunch (m)	['lʉnʂ]
to have lunch	å spise lunsj	[ɔ 'spisə ˌlʉnʂ]

dinner	middag (m)	['mi‚da]
to have dinner	å spise middag	[ɔ 'spisə 'mi‚da]
appetite	appetitt (m)	[ape'tit]
Enjoy your meal!	God appetitt!	['gʊ ape'tit]
to open (~ a bottle)	å åpne	[ɔ 'ɔpnə]
to spill (liquid)	å spille	[ɔ 'spilə]
to spill out (vi)	å bli spilt	[ɔ 'bli 'spilt]
to boil (vi)	å koke	[ɔ 'kʊkə]
to boil (vt)	å koke	[ɔ 'kʊkə]
boiled (~ water)	kokt	['kʊkt]
to chill, cool down (vt)	å svalne	[ɔ 'svalnə]
to chill (vi)	å avkjøles	[ɔ 'av‚çœləs]
taste, flavor	smak (m)	['smak]
aftertaste	bismak (m)	['bismak]
to slim down (lose weight)	å være på diet	[ɔ 'værə pɔ di'et]
diet	diett (m)	[di'et]
vitamin	vitamin (n)	[vita'min]
calorie	kalori (m)	[kalʊ'ri]
vegetarian (n)	vegetarianer (m)	[vegetari'anər]
vegetarian (adj)	vegetarisk	[vege'tarisk]
fats (nutrient)	fett (n)	['fɛt]
proteins	proteiner (n pl)	[prɔte'inər]
carbohydrates	kullhydrater (n pl)	['kʉlhy‚dratər]
slice (of lemon, ham)	skive (m/f)	['ʂivə]
piece (of cake, pie)	stykke (n)	['stʏkə]
crumb	smule (m)	['smʉlə]
(of bread, cake, etc.)		

43. Table setting

spoon	skje (m)	['ʂe]
knife	kniv (m)	['kniv]
fork	gaffel (m)	['gafəl]
cup (e.g., coffee ~)	kopp (m)	['kɔp]
plate (dinner ~)	tallerken (m)	[ta'lærkən]
saucer	tefat (n)	['te‚fat]
napkin (on table)	serviett (m)	[sɛrvi'ɛt]
toothpick	tannpirker (m)	['tan‚pirkər]

44. Restaurant

restaurant	restaurant (m)	[rɛstʊ'raŋ]
coffee house	kafé, kaffebar (m)	[ka'fe], ['kafə‚bar]

pub, bar	**bar** (m)	['bɑr]
tearoom	**tesalong** (m)	['tesɑˌlɔŋ]
waiter	**servitør** (m)	['særvi'tør]
waitress	**servitrise** (m/f)	[særvi'trisə]
bartender	**bartender** (m)	['bɑːˌtɛndər]
menu	**meny** (m)	[me'ny]
wine list	**vinkart** (n)	['vinˌkɑːt]
to book a table	**å reservere bord**	[ɔ resɛr'verə 'bʊr]
course, dish	**rett** (m)	['rɛt]
to order (meal)	**å bestille**	[ɔ be'stilə]
to make an order	**å bestille**	[ɔ be'stilə]
aperitif	**aperitiff** (m)	[ɑperi'tif]
appetizer	**forrett** (m)	['fɔrɛt]
dessert	**dessert** (m)	[de'sɛːr]
check	**regning** (m/f)	['rɛjniŋ]
to pay the check	**å betale regningen**	[ɔ be'talə 'rɛjniŋən]
to give change	**å gi tilbake veksel**	[ɔ ji til'bɑkə 'vɛksəl]
tip	**driks** (m)	['driks]

Family, relatives and friends

45. Personal information. Forms

name (first name)	**navn** (n)	['nɑvn]
surname (last name)	**etternavn** (n)	['ɛtəˌnɑvn]
date of birth	**fødselsdato** (m)	['føtsəlsˌdɑtʉ]
place of birth	**fødested** (n)	['fødəˌsted]
nationality	**nasjonalitet** (m)	[nɑʂʉnɑli'tet]
place of residence	**bosted** (n)	['bʉˌsted]
country	**land** (n)	['lɑn]
profession (occupation)	**yrke** (n), **profesjon** (m)	['yrkə], [prʉfe'ʂʉn]
gender, sex	**kjønn** (n)	['çœn]
height	**høyde** (m)	['højdə]
weight	**vekt** (m)	['vɛkt]

46. Family members. Relatives

mother	**mor** (m/f)	['mʉr]
father	**far** (m)	['fɑr]
son	**sønn** (m)	['sœn]
daughter	**datter** (m/f)	['dɑtər]
younger daughter	**yngste datter** (m/f)	['yŋstə 'dɑtər]
younger son	**yngste sønn** (m)	['yŋstə 'sœn]
eldest daughter	**eldste datter** (m/f)	['ɛlstə 'dɑtər]
eldest son	**eldste sønn** (m)	['ɛlstə 'sœn]
brother	**bror** (m)	['brʉr]
elder brother	**eldre bror** (m)	['ɛldrə ˌbrʉr]
younger brother	**lillebror** (m)	['liləˌbrʉr]
sister	**søster** (m/f)	['søstər]
elder sister	**eldre søster** (m/f)	['ɛldrə ˌsøstər]
younger sister	**lillesøster** (m/f)	['liləˌsøstər]
cousin (masc.)	**fetter** (m/f)	['fɛtər]
cousin (fem.)	**kusine** (m)	[kʉ'sinə]
mom, mommy	**mamma** (m)	['mɑmɑ]
dad, daddy	**pappa** (m)	['pɑpɑ]
parents	**foreldre** (pl)	[for'ɛldrə]
child	**barn** (n)	['bɑːn]
children	**barn** (n pl)	['bɑːn]

grandmother	bestemor (m)	['bɛstəˌmʊr]
grandfather	bestefar (m)	['bɛstəˌfɑr]
grandson	barnebarn (n)	['bɑːnəˌbɑːŋ]
granddaughter	barnebarn (n)	['bɑːnəˌbɑːŋ]
grandchildren	barnebarn (n pl)	['bɑːnəˌbɑːŋ]

uncle	onkel (m)	['ʊnkəl]
aunt	tante (m/f)	['tɑntə]
nephew	nevø (m)	[ne'vø]
niece	niese (m/f)	[ni'esə]

mother-in-law (wife's mother)	svigermor (m/f)	['svigərˌmʊr]
father-in-law (husband's father)	svigerfar (m)	['svigərˌfɑr]
son-in-law (daughter's husband)	svigersønn (m)	['svigərˌsœn]
stepmother	stemor (m/f)	['steˌmʊr]
stepfather	stefar (m)	['steˌfɑr]

infant	brystbarn (n)	['brʏstˌbɑːŋ]
baby (infant)	spedbarn (n)	['speˌbɑːŋ]
little boy, kid	lite barn (n)	['litə 'bɑːŋ]

wife	kone (m/f)	['kʊnə]
husband	mann (m)	['mɑn]
spouse (husband)	ektemann (m)	['ɛktəˌmɑn]
spouse (wife)	hustru (m)	['hʉstrʉ]

married (masc.)	gift	['jift]
married (fem.)	gift	['jift]
single (unmarried)	ugift	[ʉː'jift]
bachelor	ungkar (m)	['ʉŋˌkɑr]
divorced (masc.)	fraskilt	['frɑˌsilt]
widow	enke (m)	['ɛnkə]
widower	enkemann (m)	['ɛnkəˌmɑn]

relative	slektning (m)	['ʂlektniŋ]
close relative	nær slektning (m)	['nær 'slektniŋ]
distant relative	fjern slektning (m)	['fjæːɳ 'slektniŋ]
relatives	slektninger (m pl)	['ʂlektniŋər]

orphan (boy or girl)	foreldreløst barn (n)	[fɔr'ɛldrələst ˌbɑːŋ]
guardian (of a minor)	formynder (m)	['fɔrˌmʏnər]
to adopt (a boy)	å adoptere	[ɔ adɔp'terə]
to adopt (a girl)	å adoptere	[ɔ adɔp'terə]

Medicine

47. Diseases

sickness	sykdom (m)	['sʏkˌdɔm]
to be sick	å være syk	[ɔ 'væɾə 'syk]
health	helse (m/f)	['hɛlsə]

runny nose (coryza)	snue (m)	['snʉə]
tonsillitis	angina (m)	[an'gina]
cold (illness)	forkjølelse (m)	[fɔr'çœləlsə]
to catch a cold	å forkjøle seg	[ɔ fɔr'çœlə sæj]

bronchitis	bronkitt (m)	[brɔn'kit]
pneumonia	lungebetennelse (m)	['lʉŋə be'tɛnəlsə]
flu, influenza	influensa (m)	[inflʉ'ɛnsa]

nearsighted (adj)	nærsynt	['næˌsʏnt]
farsighted (adj)	langsynt	['laŋsʏnt]
strabismus (crossed eyes)	skjeløydhet (m)	['ʂɛløjdˌhet]
cross-eyed (adj)	skjeløyd	['ʂɛlˌøjd]
cataract	grå stær, katarakt (m)	['grɔ ˌstær], [kata'rakt]
glaucoma	glaukom (n)	[glaʊ'kɔm]

stroke	hjerneslag (n)	['jæːɳəˌslag]
heart attack	infarkt (n)	[in'farkt]
myocardial infarction	myokardieinfarkt (n)	['miɔ'kardiə in'farkt]
paralysis	paralyse, lammelse (m)	['para'lysə], ['laməlsə]
to paralyze (vt)	å lamme	[ɔ 'lamə]

allergy	allergi (m)	[alæː'gi]
asthma	astma (m)	['astma]
diabetes	diabetes (m)	[dia'betəs]

toothache	tannpine (m/f)	['tanˌpinə]
caries	karies (m)	['kariəs]

diarrhea	diaré (m)	[dia'rɛ]
constipation	forstoppelse (m)	[fɔ'ʂtɔpəlsə]
stomach upset	magebesvær (m)	['magəˌbe'svær]
food poisoning	matforgiftning (m/f)	['matˌfɔr'jiftniŋ]
to get food poisoning	å få matforgiftning	[ɔ 'fɔ matˌfɔr'jiftniŋ]

arthritis	artritt (m)	[aːʈ'rit]
rickets	rakitt (m)	[ra'kit]
rheumatism	revmatisme (m)	[revma'tismə]

atherosclerosis	arteriosklerose (m)	[ɑːˈteriʊskleˌrʊsə]
gastritis	magekatarr, gastritt (m)	[ˈmɑgəkɑˌtɑr], [ˌgɑˈstrit]
appendicitis	appendisitt (m)	[ɑpɛndiˈsit]
cholecystitis	galleblærebetennelse (m)	[ˈgɑləˌblærə beˈtɛnəlsə]
ulcer	magesår (n)	[ˈmɑgəˌsor]

measles	meslinger (m pl)	[ˈmɛsˌliŋər]
rubella (German measles)	røde hunder (m pl)	[ˈrødə ˈhʉnər]
jaundice	gulsott (m/f)	[ˈgʉlˌsʊt]
hepatitis	hepatitt (m)	[hepɑˈtit]

schizophrenia	schizofreni (m)	[ṣisʉfreˈni]
rabies (hydrophobia)	rabies (m)	[ˈrɑbiəs]
neurosis	nevrose (m)	[nevˈrʊsə]
concussion	hjernerystelse (m)	[ˈjæːnəˌrystəlsə]

cancer	kreft, cancer (m)	[ˈkrɛft], [ˈkɑnsər]
sclerosis	sklerose (m)	[skleˈrʊsə]
multiple sclerosis	multippel sklerose (m)	[mʉlˈtipəl skleˈrʊsə]

alcoholism	alkoholisme (m)	[ɑlkʊhʊˈlismə]
alcoholic (n)	alkoholiker (m)	[ɑlkʊˈhʉlikər]
syphilis	syfilis (m)	[ˈsyfilis]
AIDS	AIDS, aids (m)	[ˈɛjds]

tumor	svulst, tumor (m)	[ˈsvʉlst], [tʉˈmʊr]
malignant (adj)	ondartet, malign	[ˈʊnˌɑːˌtət], [mɑˈlign]
benign (adj)	godartet	[ˈgʊˌɑːˌtət]

fever	feber (m)	[ˈfebər]
malaria	malaria (m)	[mɑˈlɑriɑ]
gangrene	koldbrann (m)	[ˈkɔlbrɑn]
seasickness	sjøsyke (m)	[ˈṣøˌsykə]
epilepsy	epilepsi (m)	[ɛpilepˈsi]

epidemic	epidemi (m)	[ɛpideˈmi]
typhus	tyfus (m)	[ˈtyfʉs]
tuberculosis	tuberkulose (m)	[tubærkuˈlɔsə]
cholera	kolera (m)	[ˈkʊlerɑ]
plague (bubonic ~)	pest (m)	[ˈpɛst]

48. Symptoms. Treatments. Part 1

symptom	symptom (n)	[sympˈtʊm]
temperature	temperatur (m)	[tɛmpərɑˈtʉr]
high temperature (fever)	høy temperatur (m)	[ˈhøj tɛmpərɑˈtʉr]
pulse	puls (m)	[ˈpʉls]

| dizziness (vertigo) | svimmelhet (m) | [ˈsvimǝlˌhet] |
| hot (adj) | varm | [ˈvɑrm] |

shivering	skjelving (m/f)	['ʂɛlviŋ]
pale (e.g., ~ face)	blek	['blek]

cough	hoste (m)	['hʊstə]
to cough (vi)	å hoste	[ɔ 'hʊstə]
to sneeze (vi)	å nyse	[ɔ 'nysə]
faint	besvimelse (m)	[bɛ'svimǝlsǝ]
to faint (vi)	å besvime	[ɔ be'svimǝ]

bruise (hématome)	blåmerke (n)	['blɔˌmærkǝ]
bump (lump)	bule (m)	['bʉlǝ]
to bang (bump)	å slå seg	[ɔ 'ʂlɔ sæj]
contusion (bruise)	blåmerke (n)	['blɔˌmærkǝ]
to get a bruise	å slå seg	[ɔ 'ʂlɔ sæj]

to limp (vi)	å halte	[ɔ 'haltə]
dislocation	forvridning (m)	[fɔr'vridniŋ]
to dislocate (vt)	å forvri	[ɔ fɔr'vri]
fracture	brudd (n), fraktur (m)	['brʉd], [frak'tʉr]
to have a fracture	å få brudd	[ɔ 'fɔ 'brʉd]

cut (e.g., paper ~)	skjæresår (n)	['ʂæːrəˌsɔr]
to cut oneself	å skjære seg	[ɔ 'ʂæːrə sæj]
bleeding	blødning (m/f)	['blødniŋ]

burn (injury)	brannsår (n)	['branˌsɔr]
to get burned	å brenne seg	[ɔ 'brɛnə sæj]

to prick (vt)	å stikke	[ɔ 'stikə]
to prick oneself	å stikke seg	[ɔ 'stikə sæj]
to injure (vt)	å skade	[ɔ 'skadə]
injury	skade (n)	['skadə]
wound	sår (n)	['sɔr]
trauma	traume (m)	['traʊmə]

to be delirious	å snakke i villelse	[ɔ 'snakə i 'vilǝlsǝ]
to stutter (vi)	å stamme	[ɔ 'stamə]
sunstroke	solstikk (n)	['sʊlˌstik]

49. Symptoms. Treatments. Part 2

pain, ache	smerte (m)	['smæːtə]
splinter (in foot, etc.)	flis (m/f)	['flis]

sweat (perspiration)	svette (m)	['svɛtə]
to sweat (perspire)	å svette	[ɔ 'svɛtə]
vomiting	oppkast (n)	['ɔpˌkast]
convulsions	kramper (m pl)	['krampǝr]
pregnant (adj)	gravid	[gra'vid]
to be born	å fødes	[ɔ 'fødǝ]

delivery, labor	fødsel (m)	['føtsəl]
to deliver (~ a baby)	å føde	[ɔ 'fødə]
abortion	abort (m)	[ɑ'bɔ:t]

breathing, respiration	åndedrett (n)	['ɔndə‚drɛt]
in-breath (inhalation)	innånding (m/f)	['in‚ɔniŋ]
out-breath (exhalation)	utånding (m/f)	['ʉt‚ɔndiŋ]
to exhale (breathe out)	å puste ut	[ɔ 'pʉstə ʉt]
to inhale (vi)	å ånde inn	[ɔ 'ɔndə ‚in]

disabled person	handikappet person (m)	['hɑndi‚kɑpət pæ'ʂun]
cripple	krøpling (m)	['krøpliŋ]
drug addict	narkoman (m)	[nɑrkʉ'mɑn]

deaf (adj)	døv	['døv]
mute (adj)	stum	['stʉm]
deaf mute (adj)	døvstum	['døf‚stʉm]

mad, insane (adj)	gal	['gɑl]
madman (demented person)	gal mann (m)	['gɑl ‚mɑn]
madwoman	gal kvinne (m/f)	['gɑl ‚kvinə]
to go insane	å bli sinnssyk	[ɔ 'bli 'sin‚syk]

gene	gen (m)	['gen]
immunity	immunitet (m)	[imʉni'tet]
hereditary (adj)	arvelig	['ɑrvəli]
congenital (adj)	medfødt	['me:‚føt]

virus	virus (m)	['virʉs]
microbe	mikrobe (m)	[mi'krʉbə]
bacterium	bakterie (m)	[bɑk'teriə]
infection	infeksjon (m)	[infɛk'ʂun]

50. Symptoms. Treatments. Part 3

| hospital | sykehus (n) | ['sykə‚hʉs] |
| patient | pasient (m) | [pɑsi'ɛnt] |

diagnosis	diagnose (m)	[diɑ'gnʉsə]
cure	kur (m)	['kʉr]
medical treatment	behandling (m/f)	[be'hɑndliŋ]
to get treatment	å bli behandlet	[ɔ 'bli be'hɑndlət]
to treat (~ a patient)	å behandle	[ɔ be'hɑndlə]
to nurse (look after)	å skjøtte	[ɔ 'ʂøtə]
care (nursing ~)	sykepleie (m/f)	['sykə‚plæjə]

operation, surgery	operasjon (m)	[ɔpərɑ'ʂun]
to bandage (head, limb)	å forbinde	[ɔ fɔr'binə]
bandaging	forbinding (m)	[fɔr'biniŋ]

vaccination	vaksinering (m/f)	[vaksi'neriŋ]
to vaccinate (vt)	å vaksinere	[ɔ vaksi'nerə]
injection, shot	injeksjon (m), sprøyte (m/f)	[injɛk'ṣʉn], ['sprøjtə]
to give an injection	å gi en sprøyte	[ɔ 'ji en 'sprøjtə]

attack	anfall (n)	['anˌfɑl]
amputation	amputasjon (m)	[ampʉtɑ'ṣʉn]
to amputate (vt)	å amputere	[ɔ ampʉ'terə]
coma	koma (m)	['kʉmɑ]
to be in a coma	å ligge i koma	[ɔ 'ligə i 'kʉmɑ]
intensive care	intensivavdeling (m/f)	['intenˌsiv 'avˌdeliŋ]

to recover (~ from flu)	å bli frisk	[ɔ 'bli 'frisk]
condition (patient's ~)	tilstand (m)	['tilˌstɑn]
consciousness	bevissthet (m)	[be'vistˌhet]
memory (faculty)	minne (n), hukommelse (m)	['minə], [hʉ'kɔməlsə]

to pull out (tooth)	å trekke ut	[ɔ 'trɛkə ʉt]
filling	fylling (m/f)	['fʏliŋ]
to fill (a tooth)	å plombere	[ɔ plʉm'berə]

| hypnosis | hypnose (m) | [hʏp'nʉsə] |
| to hypnotize (vt) | å hypnotisere | [ɔ hʏpnʉti'serə] |

51. Doctors

doctor	lege (m)	['legə]
nurse	sykepleierske (m/f)	['sykəˌplæjeṣkə]
personal doctor	personlig lege (m)	[pæ'ṣʉnli 'legə]

dentist	tannlege (m)	['tɑnˌlegə]
eye doctor	øyelege (m)	['øjəˌlegə]
internist	terapeut (m)	[terɑ'pɛut]
surgeon	kirurg (m)	[çi'rʉrg]

psychiatrist	psykiater (m)	[syki'ɑtər]
pediatrician	barnelege (m)	['bɑːnəˌlegə]
psychologist	psykolog (m)	[sykʉ'lɔg]
gynecologist	gynekolog (m)	[gynekʉ'lɔg]
cardiologist	kardiolog (m)	[kɑːdiʉ'lɔg]

52. Medicine. Drugs. Accessories

medicine, drug	medisin (m)	[medi'sin]
remedy	middel (n)	['midəl]
to prescribe (vt)	å ordinere	[ɔ ɔrdi'nerə]
prescription	resept (m)	[re'sɛpt]

tablet, pill	**tablett** (m)	[tab'let]
ointment	**salve** (m/f)	['salvə]
ampule	**ampulle** (m)	[am'pʉlə]
mixture	**mikstur** (m)	[miks'tʉr]
syrup	**sirup** (m)	['sirʉp]
pill	**pille** (m/f)	['pilə]
powder	**pulver** (n)	['pʉlvər]
gauze bandage	**gasbind** (n)	['gas‚bin]
cotton wool	**vatt** (m/n)	['vat]
iodine	**jod** (m/n)	['ʉd]
Band-Aid	**plaster** (n)	['plastər]
eyedropper	**pipette** (m)	[pi'pɛtə]
thermometer	**termometer** (n)	[tɛrmʊ'metər]
syringe	**sprøyte** (m/f)	['sprøjtə]
wheelchair	**rullestol** (m)	['rʉlə‚stʊl]
crutches	**krykker** (m/f pl)	['krʏkər]
painkiller	**smertestillende middel** (n)	['smæːtə‚stilenə 'midəl]
laxative	**laksativ** (n)	[laksɑ'tiv]
spirits (ethanol)	**sprit** (m)	['sprit]
medicinal herbs	**legeurter** (m/f pl)	['legə‚ʉːtər]
herbal (~ tea)	**urte-**	['ʉːtə-]

HUMAN HABITAT

City

53. City. Life in the city

city, town	**by** (m)	['by]
capital city	**hovedstad** (m)	['hʊvəd‚stad]
village	**landsby** (m)	['lans‚by]
city map	**bykart** (n)	['by‚kɑːṭ]
downtown	**sentrum** (n)	['sɛntrum]
suburb	**forstad** (m)	['fɔ‚stad]
suburban (adj)	**forstads-**	['fɔ‚stads-]
outskirts	**utkant** (m)	['ʉt‚kant]
environs (suburbs)	**omegner** (m pl)	['ɔm‚æjnər]
city block	**kvarter** (n)	[kvaːṭer]
residential block (area)	**boligkvarter** (n)	['bʊli‚kvaː'ṭer]
traffic	**trafikk** (m)	[trɑ'fik]
traffic lights	**trafikklys** (n)	[trɑ'fik‚lys]
public transportation	**offentlig transport** (m)	['ɔfentli trans'pɔːt]
intersection	**veikryss** (n)	['væjkrys]
crosswalk	**fotgjengerovergang** (m)	['fʊtjɛŋər 'ɔvər‚gɑŋ]
pedestrian underpass	**undergang** (m)	['ʉnər‚gɑŋ]
to cross (~ the street)	**å gå over**	[ɔ 'gɔ 'ɔvər]
pedestrian	**fotgjenger** (m)	['fʊtjɛŋər]
sidewalk	**fortau** (n)	['fɔː‚taʊ]
bridge	**bro** (m/f)	['brʊ]
embankment (river walk)	**kai** (m/f)	['kɑj]
fountain	**fontene** (m)	['fʊntnə]
allée (garden walkway)	**allé** (m)	[ɑ'leː]
park	**park** (m)	['pɑrk]
boulevard	**bulevard** (m)	[bule'vɑr]
square	**torg** (n)	['tɔr]
avenue (wide street)	**aveny** (m)	[ɑve'ny]
street	**gate** (m/f)	['gɑtə]
side street	**sidegate** (m/f)	['sidə‚gɑtə]
dead end	**blindgate** (m/f)	['blin‚gɑtə]
house	**hus** (n)	['hʉs]
building	**bygning** (m/f)	['bygniŋ]

T&P Books. Norwegian vocabulary for English speakers - 5000 words

skyscraper	skyskraper (m)	['ṣy,skrɑpər]
facade	fasade (m)	[fɑ'sɑdə]
roof	tak (n)	['tɑk]
window	vindu (n)	['vindʉ]
arch	bue (m)	['bʉ:ə]
column	søyle (m)	['søjlə]
corner	hjørne (n)	['jœ:nə]

store window	utstillingsvindu (n)	['ʉt,stiliŋs 'vindʉ]
signboard (store sign, etc.)	skilt (n)	['ṣilt]
poster	plakat (m)	[plɑ'kɑt]
advertising poster	reklameplakat (m)	[rɛ'klɑmə,plɑ'kɑt]
billboard	reklametavle (m/f)	[rɛ'klɑmə,tɑvlə]

garbage, trash	søppel (m/f/n), avfall (n)	['sœpəl], ['ɑv,fɑl]
trashcan (public ~)	søppelkasse (m/f)	['sœpəl,kɑsə]
to litter (vi)	å kaste søppel	[ɔ 'kɑstə 'sœpəl]
garbage dump	søppelfylling (m/f), deponi (n)	['sœpəl,fʏliŋ], [,depɔ'ni]

phone booth	telefonboks (m)	[tele'fʊn,bɔks]
lamppost	lyktestolpe (m)	['lʏktə,stɔlpə]
bench (park ~)	benk (m)	['bɛŋk]

police officer	politi (m)	[pʊli'ti]
police	politi (n)	[pʊli'ti]
beggar	tigger (m)	['tigər]
homeless (n)	hjemløs	['jɛm,løs]

54. Urban institutions

store	forretning, butikk (m)	[fɔ'rɛtniŋ], [bʉ'tik]
drugstore, pharmacy	apotek (n)	[ɑpʊ'tek]
eyeglass store	optikk (m)	[ɔp'tik]
shopping mall	kjøpesenter (n)	['çœpə,sɛntər]
supermarket	supermarked (n)	['sʉpə,mɑrket]

bakery	bakeri (n)	[bɑke'ri]
baker	baker (m)	['bɑkər]
pastry shop	konditori (n)	[kʊnditɔ'ri]
grocery store	matbutikk (m)	['mɑtbʉ,tik]
butcher shop	slakterbutikk (m)	['ṣlɑktəbʉ,tik]

| produce store | grønnsaksbutikk (m) | ['grœn,sɑks bʉ'tik] |
| market | marked (n) | ['mɑrkəd] |

coffee house	kafé, kaffebar (m)	[kɑ'fe], ['kɑfə,bɑr]
restaurant	restaurant (m)	[rɛstʊ'rɑŋ]
pub, bar	pub (m)	['pʉb]
pizzeria	pizzeria (m)	[pitsə'riɑ]

hair salon	frisørsalong (m)	[fri'sør sɑˌlɔŋ]
post office	post (m)	['pɔst]
dry cleaners	renseri (n)	[rɛnse'ri]
photo studio	fotostudio (n)	['fotoˌstʉdiɔ]
shoe store	skobutikk (m)	['skʉˌbʉ'tik]
bookstore	bokhandel (m)	['bʊkˌhɑndəl]
sporting goods store	idrettsbutikk (m)	['idrɛts bʉ'tik]
clothes repair shop	reparasjon (m) av klær	[repɑrɑ'ʂʊn ɑːˌklær]
formal wear rental	leie (m/f) av klær	['læjə ɑːˌklær]
video rental store	filmutleie (m/f)	['filmˌʉt'læjə]
circus	sirkus (m/n)	['sirkʉs]
zoo	zoo, dyrepark (m)	['sʊː], [dyrə'pɑrk]
movie theater	kino (m)	['çinʊ]
museum	museum (n)	[mʉ'seum]
library	bibliotek (n)	[bibliʊ'tek]
theater	teater (n)	[te'ɑtər]
opera (opera house)	opera (m)	['ʊperɑ]
nightclub	nattklubb (m)	['nɑtˌklʉb]
casino	kasino (n)	[kɑ'sinʊ]
mosque	moské (m)	[mʊ'ske]
synagogue	synagoge (m)	[synɑ'gʊgə]
cathedral	katedral (m)	[kɑte'drɑl]
temple	tempel (n)	['tɛmpəl]
church	kirke (m/f)	['çirkə]
college	institutt (n)	[insti'tʉt]
university	universitet (n)	[ʉnivæʂi'tet]
school	skole (m/f)	['skʊlə]
prefecture	prefektur (n)	[prɛfɛk'tʉr]
city hall	rådhus (n)	['rɔdˌhʉs]
hotel	hotell (n)	[hʊ'tɛl]
bank	bank (m)	['bɑnk]
embassy	ambassade (m)	[ɑmbɑ'sɑdə]
travel agency	reisebyrå (n)	['ræjsə byˌrɔ]
information office	opplysningskontor (n)	[ɔp'lysniŋs kʊn'tʊr]
currency exchange	vekslingskontor (n)	['vɛkʂliŋs kʊn'tʊr]
subway	tunnelbane, T-bane (m)	['tʉnəlˌbɑnə], ['tɛːˌbɑnə]
hospital	sykehus (n)	['sykəˌhʉs]
gas station	bensinstasjon (m)	[bɛn'sinˌstɑ'ʂʊn]
parking lot	parkeringsplass (m)	[pɑr'keriŋsˌplɑs]

55. Signs

signboard (store sign, etc.)	skilt (n)	['ṣilt]
notice (door sign, etc.)	innskrift (m/f)	['in‚skrift]
poster	plakat, poster (m)	['pla‚kat], ['pɔstər]
direction sign	veiviser (m)	['væj‚visər]
arrow (sign)	pil (m/f)	['pil]
caution	advarsel (m)	['ad‚vaṣəl]
warning sign	varselskilt (n)	['vaṣəl‚ṣilt]
to warn (vt)	å varsle	[ɔ 'vaṣlə]
rest day (weekly ~)	fridag (m)	['fri‚da]
timetable (schedule)	rutetabell (m)	['rʉtə‚ta'bɛl]
opening hours	åpningstider (m/f pl)	['ɔpniŋs‚tidər]
WELCOME!	VELKOMMEN!	['vɛl‚kɔmən]
ENTRANCE	INNGANG	['in‚gaŋ]
EXIT	UTGANG	['ʉt‚gaŋ]
PUSH	SKYV	['ṣyv]
PULL	TREKK	['trɛk]
OPEN	ÅPENT	['ɔpənt]
CLOSED	STENGT	['stɛŋt]
WOMEN	DAMER	['damər]
MEN	HERRER	['hærər]
DISCOUNTS	RABATT	[ra'bat]
SALE	SALG	['salg]
NEW!	NYTT!	['nʏt]
FREE	GRATIS	['gratis]
ATTENTION!	FORSIKTIG!	[fʊ'ṣiktə]
NO VACANCIES	INGEN LEDIGE ROM	['iŋən 'lediə rʊm]
RESERVED	RESERVERT	[resɛr'vɛːt]
ADMINISTRATION	ADMINISTRASJON	[administra'ṣʊn]
STAFF ONLY	KUN FOR ANSATTE	['kʉn for an'satə]
BEWARE OF THE DOG!	VOKT DEM FOR HUNDEN	['vɔkt dem fɔ 'hʉnən]
NO SMOKING	RØYKING FORBUDT	['røjkiŋ fɔr'bʉt]
DO NOT TOUCH!	IKKE RØR!	['ikə 'rør]
DANGEROUS	FARLIG	['faːlị]
DANGER	FARE	['farə]
HIGH VOLTAGE	HØYSPENNING	['høj‚spɛniŋ]
NO SWIMMING!	BADING FORBUDT	['badiŋ fɔr'bʉt]
OUT OF ORDER	I USTAND	[i 'ʉ‚stan]
FLAMMABLE	BRANNFARLIG	['bran‚faːlị]

FORBIDDEN	FORBUDT	[fɔr'bʉt]
NO TRESPASSING!	INGEN INNKJØRING	['iŋən 'in͵çœriŋ]
WET PAINT	NYMALT	['ny͵mɑlt]

56. Urban transportation

bus	buss (m)	['bʉs]
streetcar	trikk (m)	['trik]
trolley bus	trolleybuss (m)	['trɔli͵bʉs]
route (of bus, etc.)	rute (m/f)	['rʉtə]
number (e.g., bus ~)	nummer (n)	['nʉmər]

to go by ...	å kjøre med ...	[ɔ 'çœːrə me ...]
to get on (~ the bus)	å gå på ...	[ɔ 'gɔ pɔ ...]
to get off ...	å gå av ...	[ɔ 'gɔ ɑː ...]

stop (e.g., bus ~)	holdeplass (m)	['hɔlə͵plɑs]
next stop	neste holdeplass (m)	['nɛstə 'hɔlə͵plɑs]
terminus	endestasjon (m)	['ɛnə͵stɑ'ʂʉn]
schedule	rutetabell (m)	['rʉtə͵tɑ'bɛl]
to wait (vt)	å vente	[ɔ 'vɛntə]

| ticket | billett (m) | [bi'let] |
| fare | billettpris (m) | [bi'let͵pris] |

cashier (ticket seller)	kasserer (m)	[kɑ'serər]
ticket inspection	billettkontroll (m)	[bi'let kʉn͵trɔl]
ticket inspector	billett inspektør (m)	[bi'let inspɛk'tør]

to be late (for ...)	å komme for sent	[ɔ 'kɔmə fɔ'ʂɛnt]
to miss (~ the train, etc.)	å komme for sent til ...	[ɔ 'kɔmə fɔ'ʂɛnt til ...]
to be in a hurry	å skynde seg	[ɔ 'ʂynə sæj]

taxi, cab	drosje (m/f), taxi (m)	['drɔʂɛ], ['tɑksi]
taxi driver	taxisjåfør (m)	['tɑksi ʂɔ'før]
by taxi	med taxi	[me 'tɑksi]
taxi stand	taxiholdeplass (m)	['tɑksi 'hɔlə͵plɑs]
to call a taxi	å taxi bestellen	[ɔ 'tɑksi be'stɛlən]
to take a taxi	å ta taxi	[ɔ 'tɑ ͵tɑksi]

traffic	trafikk (m)	[trɑ'fik]
traffic jam	trafikkork (m)	[trɑ'fik͵kɔrk]
rush hour	rushtid (m/f)	['rʉʂ͵tid]
to park (vi)	å parkere	[ɔ pɑr'kerə]
to park (vt)	å parkere	[ɔ pɑr'kerə]
parking lot	parkeringsplass (m)	[pɑr'keriŋs͵plɑs]

subway	tunnelbane, T-bane (m)	['tʉnəl͵bɑnə], ['tɛː͵bɑnə]
station	stasjon (m)	[stɑ'ʂʉn]
to take the subway	å kjøre med T-bane	[ɔ 'çœːrə me 'tɛː͵bɑnə]

| train | tog (n) | ['tɔg] |
| train station | togstasjon (m) | ['tɔgˌstɑ'ʂʊn] |

57. Sightseeing

monument	monument (n)	[mɔnʉ'mɛnt]
fortress	festning (m/f)	['fɛstniŋ]
palace	palass (n)	[pɑ'lɑs]
castle	borg (m)	['bɔrg]
tower	tårn (n)	['tɔ:n]
mausoleum	mausoleum (n)	[mɑʊsʊ'leum]

architecture	arkitektur (m)	[ɑrkitɛk'tʉr]
medieval (adj)	middelalderlig	['midəlˌɑldɛ:[i]
ancient (adj)	gammel	['gɑməl]
national (adj)	nasjonal	[nɑʂʊ'nɑl]
famous (monument, etc.)	kjent	['çɛnt]

tourist	turist (m)	[tʉ'rist]
guide (person)	guide (m)	['gɑjd]
excursion, sightseeing tour	utflukt (m/f)	['ʉtˌflʉkt]
to show (vt)	å vise	[ɔ 'visə]
to tell (vt)	å fortelle	[ɔ fɔ:'tɛlə]

to find (vt)	å finne	[ɔ 'finə]
to get lost (lose one's way)	å gå seg bort	[ɔ 'gɔ sæj 'bʊ:t]
map (e.g., subway ~)	kart, linjekart (n)	['kɑ:t], ['linjə'kɑ:t]
map (e.g., city ~)	kart (n)	['kɑ:t]

souvenir, gift	suvenir (m)	[sʉve'nir]
gift shop	suvenirbutikk (m)	[sʉve'nir bʉ'tik]
to take pictures	å fotografere	[ɔ fotogrɑ'ferə]
to have one's picture taken	å bli fotografert	[ɔ 'bli fotogrɑ'fɛ:t]

58. Shopping

to buy (purchase)	å kjøpe	[ɔ 'çœ:pə]
purchase	innkjøp (n)	['inˌçœp]
to go shopping	å gå shopping	[ɔ 'gɔ ˌʂopiŋ]
shopping	shopping (m)	['ʂopiŋ]

| to be open (ab. store) | å være åpen | [ɔ 'værə 'ɔpən] |
| to be closed | å være stengt | [ɔ 'værə 'stɛŋt] |

footwear, shoes	skotøy (n)	['skʊtøj]
clothes, clothing	klær (n)	['klær]
cosmetics	kosmetikk (m)	[kʊsme'tik]
food products	matvarer (m/f pl)	['mɑtˌvɑrər]

gift, present	gave (m/f)	['gavə]
salesman	forselger (m)	[fɔ'ṣɛlər]
saleswoman	forselger (m)	[fɔ'ṣɛlər]
check out, cash desk	kasse (m/f)	['kasə]
mirror	speil (n)	['spæjl]
counter (store ~)	disk (m)	['disk]
fitting room	prøverom (n)	['prøvə,rʊm]
to try on	å prøve	[ɔ 'prøvə]
to fit (ab. dress, etc.)	å passe	[ɔ 'pasə]
to like (I like …)	å like	[ɔ 'likə]
price	pris (m)	['pris]
price tag	prislapp (m)	['pris,lap]
to cost (vt)	å koste	[ɔ 'kɔstə]
How much?	Hvor mye?	[vʊr 'mye]
discount	rabatt (m)	[ra'bat]
inexpensive (adj)	billig	['bili]
cheap (adj)	billig	['bili]
expensive (adj)	dyr	['dyr]
It's expensive	Det er dyrt	[de ær 'dy:t]
rental (n)	utleie (m/f)	['ʉt,læje]
to rent (~ a tuxedo)	å leie	[ɔ 'læjə]
credit (trade credit)	kreditt (m)	[krɛ'dit]
on credit (adv)	på kreditt	[pɔ krɛ'dit]

59. Money

money	penger (m pl)	['pɛŋər]
currency exchange	veksling (m/f)	['vɛkṣliŋ]
exchange rate	kurs (m)	['kʉṣ]
ATM	minibank (m)	['mini,bank]
coin	mynt (m)	['mʏnt]
dollar	dollar (m)	['dɔlar]
euro	euro (m)	['ɛʉrʊ]
lira	lira (m)	['lire]
Deutschmark	mark (m/f)	['mark]
franc	franc (m)	['fran]
pound sterling	pund sterling (m)	['pʉn stɛ:'liŋ]
yen	yen (m)	['jɛn]
debt	skyld (m/f), gjeld (m)	['ṣyl], ['jɛl]
debtor	skyldner (m)	['ṣylnər]
to lend (money)	å låne ut	[ɔ 'lo:nə ʉt]
to borrow (vi, vt)	å låne	[ɔ 'lo:nə]

bank	**bank** (m)	['bɑnk]
account	**konto** (m)	['kɔntʊ]
to deposit (vt)	**å sette inn**	[ɔ 'sɛtə in]
to deposit into the account	**å sette inn på kontoen**	[ɔ 'sɛtə in pɔ 'kɔntʊən]
to withdraw (vt)	**å ta ut fra kontoen**	[ɔ 'tɑ ʉt fra 'kɔntʊən]
credit card	**kredittkort** (n)	[krɛ'dit̩ˌkɔːt]
cash	**kontanter** (m pl)	[kʊn'tɑntər]
check	**sjekk** (m)	['ʂɛk]
to write a check	**å skrive en sjekk**	[ɔ 'skrivə en 'ʂɛk]
checkbook	**sjekkbok** (m/f)	['ʂɛkˌbʊk]
wallet	**lommebok** (m)	['lʊməˌbʊk]
change purse	**pung** (m)	['pʉŋ]
safe	**safe, seif** (m)	['sɛjf]
heir	**arving** (m)	['ɑrviŋ]
inheritance	**arv** (m)	['ɑrv]
fortune (wealth)	**formue** (m)	['fɔrˌmʉə]
lease	**leie** (m)	['læjə]
rent (money)	**husleie** (m/f)	['hʉsˌlæjə]
to rent (sth from sb)	**å leie**	[ɔ 'læjə]
price	**pris** (m)	['pris]
cost	**kostnad** (m)	['kɔstnɑd]
sum	**sum** (m)	['sʉm]
to spend (vt)	**å bruke**	[ɔ 'brʉkə]
expenses	**utgifter** (m/f pl)	['ʉtˌjiftər]
to economize (vi, vt)	**å spare**	[ɔ 'spɑrə]
economical	**sparsom**	['spɑʂɔm]
to pay (vi, vt)	**å betale**	[ɔ be'tɑlə]
payment	**betaling** (m/f)	[be'tɑliŋ]
change (give the ~)	**vekslepenger** (pl)	['vɛkʂləˌpɛŋər]
tax	**skatt** (m)	['skɑt]
fine	**bot** (m/f)	['bʊt]
to fine (vt)	**å bøtelegge**	[ɔ 'bøtəˌlegə]

60. Post. Postal service

post office	**post** (m)	['pɔst]
mail (letters, etc.)	**post** (m)	['pɔst]
mailman	**postbud** (n)	['pɔstˌbʉd]
opening hours	**åpningstider** (m/f pl)	['ɔpniŋsˌtidər]
letter	**brev** (n)	['brev]
registered letter	**rekommandert brev** (n)	[rekʊmɑn'dɛːt ˌbrev]

postcard	**postkort** (n)	['pɔstˌkɔːt]
telegram	**telegram** (n)	[tele'gram]
package (parcel)	**postpakke** (m/f)	['pɔstˌpakə]
money transfer	**pengeoverføring** (m/f)	['pɛŋə 'ɔvərˌføriŋ]
to receive (vt)	**å motta**	[ɔ 'mɔta]
to send (vt)	**å sende**	[ɔ 'sɛnə]
sending	**avsending** (m)	['afˌsɛniŋ]
address	**adresse** (m)	[a'drɛsə]
ZIP code	**postnummer** (n)	['pɔstˌnʉmər]
sender	**avsender** (m)	['afˌsɛnər]
receiver	**mottaker** (m)	['mɔtˌtakər]
name (first name)	**fornavn** (n)	['fɔrˌnavn]
surname (last name)	**etternavn** (n)	['ɛtəˌnavn]
postage rate	**tariff** (m)	[ta'rif]
standard (adj)	**vanlig**	['vanli]
economical (adj)	**økonomisk**	[økʊ'nɔmisk]
weight	**vekt** (m)	['vɛkt]
to weigh (~ letters)	**å veie**	[ɔ 'væje]
envelope	**konvolutt** (m)	[kʊnvʊ'lʉt]
postage stamp	**frimerke** (n)	['friˌmærkə]
to stamp an envelope	**å sette på frimerke**	[ɔ 'sɛtə pɔ 'friˌmærkə]

Dwelling. House. Home

61. House. Electricity

electricity	elektrisitet (m)	[ɛlektrisi'tet]
light bulb	lyspære (m/f)	['lys,pærə]
switch	strømbryter (m)	['strøm,brytər]
fuse (plug fuse)	sikring (m)	['sikriŋ]
cable, wire (electric ~)	ledning (m)	['lɛdniŋ]
wiring	ledningsnett (n)	['lɛdniŋs,nɛt]
electricity meter	elmåler (m)	['ɛl,molər]
readings	avlesninger (m/f pl)	['av,lesniŋər]

62. Villa. Mansion

country house	fritidshus (n)	['fritids,hʉs]
villa (seaside ~)	villa (m)	['vila]
wing (~ of a building)	fløy (m)	['fløj]
garden	hage (m)	['hagə]
park	park (m)	['park]
tropical greenhouse	drivhus (n)	['driv,hʉs]
to look after (garden, etc.)	å ta vare	[ɔ 'ta ,varə]
swimming pool	svømmebasseng (n)	['svœmə,ba'sɛŋ]
gym (home gym)	gym (m)	['dʒym]
tennis court	tennisbane (m)	['tɛnis,banə]
home theater (room)	hjemmekino (m)	['jɛmə,çinʉ]
garage	garasje (m)	[ga'raʂə]
private property	privateiendom (m)	[pri'vat 'æjəndɔm]
private land	privat terreng (n)	[pri'vat tɛ'rɛŋ]
warning (caution)	advarsel (m)	['ad,vaʂəl]
warning sign	varselskilt (n)	['vaʂəl,silt]
security	sikkerhet (m/f)	['sikər,het]
security guard	sikkerhetsvakt (m/f)	['sikərhɛts,vakt]
burglar alarm	tyverialarm (m)	[tyve'ri a'larm]

63. Apartment

apartment	leilighet (m/f)	['læjli͵het]
room	rom (n)	['rʊm]
bedroom	soverom (n)	['sɔvə͵rʊm]
dining room	spisestue (m/f)	['spisə͵stʉə]
living room	dagligstue (m/f)	['dɑgli͵stʉə]
study (home office)	arbeidsrom (n)	['ɑrbæjds͵rʊm]
entry room	entré (m)	[ɑnˈtrɛː]
bathroom (room with a bath or shower)	bad, baderom (n)	['bɑd], ['bɑdə͵rʊm]
half bath	toalett, WC (n)	[tʊɑˈlet], [vɛˈsɛ]
ceiling	tak (n)	['tɑk]
floor	gulv (n)	['gʉlv]
corner	hjørne (n)	['jœːŋə]

64. Furniture. Interior

furniture	møbler (n pl)	['møblər]
table	bord (n)	['bʊr]
chair	stol (m)	['stʊl]
bed	seng (m/f)	['sɛŋ]
couch, sofa	sofa (m)	['sʊfɑ]
armchair	lenestol (m)	['lenə͵stʊl]
bookcase	bokskap (n)	['bʊk͵skɑp]
shelf	hylle (m/f)	['hʏlə]
wardrobe	klesskap (n)	['kle͵skɑp]
coat rack (wall-mounted ~)	knaggbrett (n)	['knɑg͵brɛt]
coat stand	stumtjener (m)	['stʉm͵tjenər]
bureau, dresser	kommode (m)	[kʊˈmʊdə]
coffee table	kaffebord (n)	['kɑfə͵bʊr]
mirror	speil (n)	['spæjl]
carpet	teppe (n)	['tɛpə]
rug, small carpet	lite teppe (n)	['litə 'tɛpə]
fireplace	peis (m), ildsted (n)	['pæjs], ['ilstɛd]
candle	lys (n)	['lys]
candlestick	lysestake (m)	['lysə͵stɑkə]
drapes	gardiner (m/f pl)	[gɑːˈd̦inər]
wallpaper	tapet (n)	[tɑˈpet]
blinds (jalousie)	persienne (m)	[pæʂiˈenə]
table lamp	bordlampe (m/f)	['bʊr͵lɑmpə]

wall lamp (sconce)	vegglampe (m/f)	['vɛɡˌlampə]
floor lamp	gulvlampe (m/f)	['ɡʉlvˌlampə]
chandelier	lysekrone (m/f)	['lysəˌkrʊnə]

leg (of chair, table)	bein (n)	['bæjn]
armrest	armlene (n)	['armˌlenə]
back (backrest)	rygg (m)	['rʏɡ]
drawer	skuff (m)	['skʉf]

65. Bedding

bedclothes	sengetøy (n)	['sɛŋəˌtøj]
pillow	pute (m/f)	['pʉtə]
pillowcase	putevar, putetrekk (n)	['pʉtəˌvar], ['pʉtəˌtrɛk]
duvet, comforter	dyne (m/f)	['dynə]
sheet	laken (n)	['lakən]
bedspread	sengeteppe (n)	['sɛŋəˌtɛpə]

66. Kitchen

kitchen	kjøkken (n)	['çœkən]
gas	gass (m)	['ɡas]
gas stove (range)	gasskomfyr (m)	['ɡas kɔmˌfyr]
electric stove	elektrisk komfyr (m)	[ɛ'lektrisk kɔmˌfyr]
oven	bakeovn (m)	['bakəˌɔvn]
microwave oven	mikrobølgeovn (m)	['mikrʊˌbølɡə'ɔvn]

refrigerator	kjøleskap (n)	['çœləˌskap]
freezer	fryser (m)	['frysər]
dishwasher	oppvaskmaskin (m)	['ɔpvask maˌʂin]

meat grinder	kjøttkvern (m/f)	['çœtˌkvɛːŋ]
juicer	juicepresse (m/f)	['dʒʉsˌprɛsə]
toaster	brødrister (m)	['brøˌristər]
mixer	mikser (m)	['miksər]

coffee machine	kaffetrakter (m)	['kafəˌtraktər]
coffee pot	kaffekanne (m/f)	['kafəˌkanə]
coffee grinder	kaffekvern (m/f)	['kafəˌkvɛːŋ]

kettle	tekjele (m)	['teˌçelə]
teapot	tekanne (m/f)	['teˌkanə]
lid	lokk (n)	['lɔk]
tea strainer	tesil (m)	['teˌsil]

spoon	skje (m)	['ʂe]
teaspoon	teskje (m)	['teˌʂe]
soup spoon	spiseskje (m)	['spisəˌʂɛ]

| fork | gaffel (m) | ['gafəl] |
| knife | kniv (m) | ['kniv] |

tableware (dishes)	servise (n)	[sær'visə]
plate (dinner ~)	tallerken (m)	[ta'lærkən]
saucer	tefat (n)	['te̦fat]

shot glass	shotglass (n)	['ʂɔțglɑs]
glass (tumbler)	glass (n)	['glɑs]
cup	kopp (m)	['kɔp]

sugar bowl	sukkerskål (m/f)	['sʉkər̦skɔl]
salt shaker	saltbøsse (m/f)	['salțbøsə]
pepper shaker	pepperbøsse (m/f)	['pɛpər̦bøsə]
butter dish	smørkopp (m)	['smœr̦kɔp]

stock pot (soup pot)	gryte (m/f)	['grytə]
frying pan (skillet)	steikepanne (m/f)	['stæjkə̦panə]
ladle	sleiv (m/f)	['ʂlæjv]
colander	dørslag (n)	['dœʂlag]
tray (serving ~)	brett (n)	['brɛt]

bottle	flaske (m)	['flɑskə]
jar (glass)	glasskrukke (m/f)	['glɑșkrʉkə]
can	boks (m)	['bɔks]

bottle opener	flaskeåpner (m)	['flɑskə̦ɔpnər]
can opener	konservåpner (m)	['kʊnsəv̦ɔpnər]
corkscrew	korketrekker (m)	['kɔrkə̦trɛkər]
filter	filter (n)	['filtər]
to filter (vt)	å filtrere	[ɔ fil'trerə]

| trash, garbage (food waste, etc.) | søppel (m/f/n) | ['sœpəl] |
| trash can (kitchen ~) | søppelbøtte (m/f) | ['sœpəl̦bœtə] |

67. Bathroom

bathroom	bad, baderom (n)	['bad], ['badə̦rʊm]
water	vann (n)	['van]
faucet	kran (m/f)	['kran]
hot water	varmt vann (n)	['varmt ̦van]
cold water	kaldt vann (n)	['kalt van]

toothpaste	tannpasta (m)	['tan̦pasta]
to brush one's teeth	å pusse tennene	[ɔ 'pʉsə 'tɛnənə]
toothbrush	tannbørste (m)	['tan̦bœʂtə]

| to shave (vi) | å barbere seg | [ɔ bar'berə sæj] |
| shaving foam | barberskum (n) | [bar'bɛ̦skʊm] |

razor	høvel (m)	['høvəl]
to wash (one's hands, etc.)	å vaske	[ɔ 'vaskə]
to take a bath	å vaske seg	[ɔ 'vaskə sæj]
shower	dusj (m)	['dʉʂ]
to take a shower	å ta en dusj	[ɔ 'ta en 'dʉʂ]

bathtub	badekar (n)	['badə‚kar]
toilet (toilet bowl)	toalettstol (m)	[tʊa'let‚stʊl]
sink (washbasin)	vaskeservant (m)	['vaskə‚sɛr'vant]

| soap | såpe (m/f) | ['soːpə] |
| soap dish | såpeskål (m/f) | ['soːpə‚skɔl] |

sponge	svamp (m)	['svamp]
shampoo	sjampo (m)	['ʂam‚pʊ]
towel	håndkle (n)	['hɔn‚kle]
bathrobe	badekåpe (m/f)	['badə‚koːpə]

laundry (process)	vask (m)	['vask]
washing machine	vaskemaskin (m)	['vaskə ma‚ʂin]
to do the laundry	å vaske tøy	[ɔ 'vaskə 'tøj]
laundry detergent	vaskepulver (n)	['vaskə‚pʉlvər]

68. Household appliances

TV set	TV (m), TV-apparat (n)	['tɛvɛ], ['tɛvɛ apa'rat]
tape recorder	båndopptaker (m)	['bɔn‚ɔptakər]
VCR (video recorder)	video (m)	['videʊ]
radio	radio (m)	['radiʊ]
player (CD, MP3, etc.)	spiller (m)	['spilər]

video projector	videoprojektor (m)	['videʊ prɔ'jɛktɔr]
home movie theater	hjemmekino (m)	['jɛmə‚çinʊ]
DVD player	DVD-spiller (m)	[deve'de ‚spilər]
amplifier	forsterker (m)	[fɔ'ʂtærkər]
video game console	spillkonsoll (m)	['spil kʊn'sɔl]

video camera	videokamera (n)	['videʊ ‚kamera]
camera (photo)	kamera (n)	['kamera]
digital camera	digitalkamera (n)	[digi'tal ‚kamera]

vacuum cleaner	støvsuger (m)	['støf‚sʉgər]
iron (e.g., steam ~)	strykejern (n)	['strykə‚jæːɳ]
ironing board	strykebrett (n)	['strykə‚brɛt]

telephone	telefon (m)	[tele'fʊn]
cell phone	mobiltelefon (m)	[mʊ'bil tele'fʊn]
typewriter	skrivemaskin (m)	['skrivə ma‚ʂin]
sewing machine	symaskin (m)	['siːma‚ʂin]
microphone	mikrofon (m)	[mikrʊ'fʊn]

headphones	**hodetelefoner** (n pl)	['hɔdətelə͵fʉnər]
remote control (TV)	**fjernkontroll** (m)	['fjæːɳ kʉn'trɔl]
CD, compact disc	**CD-rom** (m)	['sɛdɛ͵rʉm]
cassette, tape	**kassett** (m)	[kɑ'sɛt]
vinyl record	**plate, skive** (m/f)	['plɑtə], ['ʂivə]

HUMAN ACTIVITIES

Job. Business. Part 1

69. Office. Working in the office

office (company ~)	kontor (n)	[kʊn'tʊr]
office (of director, etc.)	kontor (n)	[kʊn'tʊr]
reception desk	resepsjon (m)	[resɛp'ʂʊn]
secretary	sekretær (m)	[sɛkrə'tær]
secretary (fem.)	sekretær (m)	[sɛkrə'tær]
director	direktør (m)	[dirɛk'tør]
manager	manager (m)	['mɛnidʒər]
accountant	regnskapsfører (m)	['rɛjnskaps‚førər]
employee	ansatt (n)	['an‚sat]
furniture	møbler (n pl)	['møblər]
desk	bord (n)	['bʊr]
desk chair	arbeidsstol (m)	['arbæjds‚stʉl]
drawer unit	skuffeseksjon (m)	['skʉfə‚sɛk'ʂʊn]
coat stand	stumtjener (m)	['stʉm‚tjenər]
computer	datamaskin (m)	['data ma‚ʂin]
printer	skriver (m)	['skrivər]
fax machine	faks (m)	['faks]
photocopier	kopimaskin (m)	[kʉ'pi ma‚ʂin]
paper	papir (n)	[pa'pir]
office supplies	kontorartikler (m pl)	[kʊn'tʊr a:'tiklər]
mouse pad	musematte (m/f)	['mʉsə‚matə]
sheet (of paper)	ark (n)	['ark]
binder	mappe (m/f)	['mapə]
catalog	katalog (m)	[kata'lɔg]
phone directory	telefonkatalog (m)	[tele'fʊn kata'lɔg]
documentation	dokumentasjon (m)	[dɔkʉmɛnta'ʂʊn]
brochure (e.g., 12 pages ~)	brosjyre (m)	[brɔ'ʂyrə]
leaflet (promotional ~)	reklameblad (n)	[rɛ'klamə‚bla]
sample	prøve (m)	['prøvə]
training meeting	trening (m/f)	['treniŋ]
meeting (of managers)	møte (n)	['møtə]
lunch time	lunsj pause (m)	['lʉnʂ ‚pausə]

to make a copy	å lage en kopi	[ɔ 'lagə en kʉ'pi]
to make multiple copies	å kopiere	[ɔ kʉ'pjerə]
to receive a fax	å motta faks	[ɔ 'mɔta ˌfaks]
to send a fax	å sende faks	[ɔ 'sɛnə ˌfaks]
to call (by phone)	å ringe	[ɔ 'riŋə]
to answer (vt)	å svare	[ɔ 'svarə]
to put through	å sætte over til ...	[ɔ 'sætə 'ɔvər til ...]
to arrange, to set up	å arrangere	[ɔ araŋ'ʂerə]
to demonstrate (vt)	å demonstrere	[ɔ demɔn'strerə]
to be absent	å være fraværende	[ɔ 'værə 'fraˌværənə]
absence	fravær (n)	['fraˌvær]

70. Business processes. Part 1

business	bedrift, handel (m)	[be'drift], ['handəl]
occupation	yrke (n)	['yrkə]
firm	firma (n)	['firma]
company	foretak (n)	['fɔrəˌtak]
corporation	korporasjon (m)	[kʉrpʉra'ʂʉn]
enterprise	foretak (n)	['fɔrəˌtak]
agency	agentur (n)	[agɛn'tʉr]
agreement (contract)	avtale (m)	['avˌtalə]
contract	kontrakt (m)	[kʉn'trakt]
deal	avtale (m)	['avˌtalə]
order (to place an ~)	bestilling (m)	[be'stiliŋ]
terms (of the contract)	vilkår (n)	['vilˌkɔ:r]
wholesale (adv)	en gros	[ɛn 'grɔ]
wholesale (adj)	engros-	[ɛŋ'grɔ-]
wholesale (n)	engroshandel (m)	[ɛŋ'grɔˌhandəl]
retail (adj)	detalj-	[de'talj-]
retail (n)	detaljhandel (m)	[de'taljˌhandəl]
competitor	konkurrent (m)	[kʉnkʉ'rɛnt]
competition	konkurranse (m)	[kʉnkʉ'ransə]
to compete (vi)	å konkurrere	[ɔ kʉnkʉ'rerə]
partner (associate)	partner (m)	['paːʈnər]
partnership	partnerskap (n)	['paːtnəˌskap]
crisis	krise (m/f)	['krisə]
bankruptcy	fallitt (m)	[fa'lit]
to go bankrupt	å gå konkurs	[ɔ 'gɔ kɔn'kʉʂ]
difficulty	vanskelighet (m)	['vanskeliˌhet]
problem	problem (n)	[prʉ'blem]
catastrophe	katastrofe (m)	[kata'strɔfə]
economy	økonomi (m)	[økʉnʉ'mi]

| economic (~ growth) | økonomisk | [øku'nɔmisk] |
| economic recession | økonomisk nedgang (m) | [øku'nɔmisk 'nedˌgaŋ] |

| goal (aim) | mål (n) | ['mol] |
| task | oppgave (m/f) | ['ɔpˌgavə] |

to trade (vi)	å handle	[ɔ 'handlə]
network (distribution ~)	nettverk (n)	['nɛtˌværk]
inventory (stock)	lager (n)	['lagər]
range (assortment)	sortiment (n)	[sɔ:ʈi'mɛn]

leader (leading company)	leder (m)	['ledər]
large (~ company)	stor	['stʊr]
monopoly	monopol (n)	[mʊnʉ'pɔl]

theory	teori (m)	[teʉ'ri]
practice	praksis (m)	['praksis]
experience (in my ~)	erfaring (m/f)	[ær'fariŋ]
trend (tendency)	tendens (m)	[tɛn'dɛns]
development	utvikling (m/f)	['ʉtˌvikliŋ]

71. Business processes. Part 2

| profit (foregone ~) | utbytte (n), fordel (m) | ['ʉtˌbytə], ['fɔ:dəl] |
| profitable (~ deal) | fordelaktig | [fɔ:dəl'akti] |

delegation (group)	delegasjon (m)	[delega'ʂʊn]
salary	lønn (m/f)	['lœn]
to correct (an error)	å rette	[ɔ 'rɛtə]
business trip	forretningsreise (m/f)	[fɔ'rɛtniŋsˌræjsə]
commission	provisjon (m)	[prʊvi'ʂʊn]

to control (vt)	å kontrollere	[ɔ kʊntrɔ'lerə]
conference	konferanse (m)	[kʊnfe'ransə]
license	lisens (m)	[li'sɛns]
reliable (~ partner)	pålitelig	[pɔ'liteli]

initiative (undertaking)	initiativ (n)	[initsia'tiv]
norm (standard)	norm (m)	['nɔrm]
circumstance	omstendighet (m)	[ɔm'stɛndiˌhet]
duty (of employee)	plikt (m/f)	['plikt]

organization (company)	organisasjon (m)	[ɔrganisa'ʂʊn]
organization (process)	organisering (m)	[ɔrgani'seriŋ]
organized (adj)	organisert	[ɔrgani'sɛ:ʈ]
cancellation	avlysning (m/f)	['avˌlysniŋ]
to cancel (call off)	å avlyse, å annullere	[ɔ 'avˌlysə], [ɔ anʉ'lerə]
report (official ~)	rapport (m)	[ra'pɔ:ʈ]
patent	patent (n)	[pa'tɛnt]
to patent (obtain patent)	å patentere	[ɔ patɛn'terə]

to plan (vt)	å planlegge	[ɔ 'plɑnˌlegə]
bonus (money)	gratiale (n)	[grɑtsi'ɑːlə]
professional (adj)	professionel	[prʊ'fɛsioˌnɛl]
procedure	prosedyre (m)	[prʊsə'dyrə]

to examine (contract, etc.)	å undersøke	[ɔ 'ʉnəˌsøkə]
calculation	beregning (m/f)	[be'rɛjniŋ]
reputation	rykte (n)	['rʏktə]
risk	risiko (m)	['risikʊ]

to manage, to run	å styre, å lede	[ɔ 'styrə], [ɔ 'ledə]
information	opplysninger (m/f pl)	['ɔpˌlʏsniŋər]
property	eiendom (m)	['æjənˌdɔm]
union	forbund (n)	['fɔrˌbʉn]

life insurance	livsforsikring (m/f)	['lifsfɔˌsikriŋ]
to insure (vt)	å forsikre	[ɔ fɔ'ʂikrə]
insurance	forsikring (m/f)	[fɔ'ʂikriŋ]

auction (~ sale)	auksjon (m)	[aʊk'ʂʊn]
to notify (inform)	å underrette	[ɔ 'ʉnəˌrɛtə]
management (process)	ledelse (m)	['ledəlsə]
service (~ industry)	tjeneste (m)	['tjenɛstə]

forum	forum (n)	['fɔrum]
to function (vi)	å fungere	[ɔ fʉ'ŋerə]
stage (phase)	etappe (m)	[e'tɑpə]
legal (~ services)	juridisk	[jʉ'ridisk]
lawyer (legal advisor)	jurist (m)	[jʉ'rist]

72. Production. Works

plant	verk (n)	['værk]
factory	fabrikk (m)	[fɑ'brik]
workshop	verkstad (m)	['værkˌstɑd]
works, production site	produksjonsplass (m)	[prʊdʊk'ʂʊnsˌplɑs]

industry (manufacturing)	industri (m)	[indʉ'stri]
industrial (adj)	industriell	[indʉstri'ɛl]
heavy industry	tungindustri (m)	['tʉŋ ˌindʉ'stri]
light industry	lettindustri (m)	['letˌindʉ'stri]

products	produksjon (m)	[prʊdʉk'ʂʊn]
to produce (vt)	å produsere	[ɔ prʊdʉ'serə]
raw materials	råstoffer (n pl)	['roˌstɔfər]

foreman (construction ~)	formann, bas (m)	['fɔrmɑn], ['bɑs]
workers team (crew)	arbeidslag (n)	['ɑrbæjdsˌlɑg]
worker	arbeider (m)	['ɑrˌbæjdər]
working day	arbeidsdag (m)	['ɑrbæjdsˌdɑ]

English	Norwegian	Pronunciation
pause (rest break)	hvilepause (m)	['vilə‚pausə]
meeting	møte (n)	['møtə]
to discuss (vt)	å drøfte, å diskutere	[ɔ 'drœftə], [ɔ diskʉ'terə]
plan	plan (m)	['plan]
to fulfill the plan	å oppfylle planen	[ɔ 'ɔp‚fʏlə 'planən]
rate of output	produksjonsmål (n)	[prʊdʊk'ʂʊns ‚mol]
quality	kvalitet (m)	[kvɑli'tɛt]
control (checking)	kontroll (m)	[kʊn'trɔl]
quality control	kvalitetskontroll (m)	[kvɑli'tɛt kʊn'trɔl]
workplace safety	arbeidervern (n)	['arbæjdər‚væ:ŋ]
discipline	disiplin (m)	[disip'lin]
violation (of safety rules, etc.)	brudd (n)	['brʉd]
to violate (rules)	å bryte	[ɔ 'brytə]
strike	streik (m)	['stræjk]
striker	streiker (m)	['stræjkər]
to be on strike	å streike	[ɔ 'stræjkə]
labor union	fagforening (m/f)	['fɑgfɔ‚reniŋ]
to invent (machine, etc.)	å oppfinne	[ɔ 'ɔp‚finə]
invention	oppfinnelse (m)	['ɔp‚finəlsə]
research	forskning (m)	['fɔ:ʂkniŋ]
to improve (make better)	å forbedre	[ɔ fɔr'bɛdrə]
technology	teknologi (m)	[tɛknʊlʉ'gi]
technical drawing	teknisk tegning (m/f)	['tɛknisk ‚tæjniŋ]
load, cargo	last (m/f)	['lɑst]
loader (person)	lastearbeider (m)	['lɑstə'ɑr‚bæjdər]
to load (vehicle, etc.)	å laste	[ɔ 'lɑstə]
loading (process)	lasting (m/f)	['lɑstiŋ]
to unload (vi, vt)	å lesse av	[ɔ 'lesə ɑ:]
unloading	avlessing (m/f)	['ɑv‚lesiŋ]
transportation	transport (m)	[trɑns'pɔ:t]
transportation company	transportfirma (n)	[trɑns'pɔ:t ‚firmɑ]
to transport (vt)	å transportere	[ɔ trɑnspɔ:'terə]
freight car	godsvogn (m/f)	['gʊts‚vɔŋn]
tank (e.g., oil ~)	tank (m)	['tɑnk]
truck	lastebil (m)	['lɑstə‚bil]
machine tool	verktøymaskin (m)	['værktøj mɑ‚ʂin]
mechanism	mekanisme (m)	[mekɑ'nismə]
industrial waste	industrielt avfall (n)	[indʉstri'ɛlt 'ɑv‚fɑl]
packing (process)	pakning (m/f)	['pɑkniŋ]
to pack (vt)	å pakke	[ɔ 'pɑkə]

73. Contract. Agreement

contract	kontrakt (m)	[kʊn'trɑkt]
agreement	avtale (m)	['ɑv,tɑlə]
addendum	tillegg, bilag (n)	['ti,leg], ['bi,lɑg]
to sign a contract	å inngå kontrakt	[ɔ 'in,gɔ kʊn'trɑkt]
signature	underskrift (m/f)	['ʉnə,skrift]
to sign (vt)	å underskrive	[ɔ 'ʉnə,skrivə]
seal (stamp)	stempel (n)	['stɛmpəl]
subject of contract	kontraktens gjenstand (m)	[kʊn'trɑktəns 'jɛn,stɑn]
clause	klausul (m)	[klɑʊ'sʉl]
parties (in contract)	parter (m pl)	['pɑ:ʈər]
legal address	juridisk adresse (m/f)	[jʉ'ridisk ɑ'drɛsə]
to violate the contract	å bryte kontrakten	[ɔ 'brytə kʊn'trɑktən]
commitment (obligation)	forpliktelse (m)	[fɔr'pliktəlsə]
responsibility	ansvar (n)	['ɑn,svɑr]
force majeure	force majeure (m)	[ˌfɔrs mɑ'ʒø:r]
dispute	tvist (m)	['tvist]
penalties	straffeavgifter (m pl)	['strɑfə ɑv'jiftər]

74. Import & Export

import	import (m)	[im'pɔ:ʈ]
importer	importør (m)	[impɔ:'ʈør]
to import (vt)	å importere	[ɔ impɔ:'ʈerə]
import (as adj.)	import-	[im'pɔ:ʈ-]
export (exportation)	eksport (m)	[ɛks'pɔ:ʈ]
exporter	eksportør (m)	[ɛkspɔ:'ʈør]
to export (vi, vt)	å eksportere	[ɔ ɛkspɔ:'ʈerə]
export (as adj.)	eksport-	[ɛks'pɔ:ʈ-]
goods (merchandise)	vare (m/f)	['vɑrə]
consignment, lot	parti (n)	[pɑ:'ʈi]
weight	vekt (m)	['vɛkt]
volume	volum (n)	[vɔ'lʉm]
cubic meter	kubikkmeter (m)	[kʉ'bik,metər]
manufacturer	produsent (m)	[prʊdʉ'sɛnt]
transportation company	transportfirma (n)	[trɑns'pɔ:ʈ ˌfirmɑ]
container	container (m)	[kɔn'tɛjnər]
border	grense (m/f)	['grɛnsə]
customs	toll (m)	['tɔl]
customs duty	tollavgift (m)	['tɔl ɑv'jift]

customs officer	tollbetjent (m)	['tɔlbe,tjɛnt]
smuggling	smugling (m/f)	['smʉgliŋ]
contraband (smuggled goods)	smuglergods (n)	['smʉglə,gʉts]

75. Finances

stock (share)	aksje (m)	['akʂə]
bond (certificate)	obligasjon (m)	[ɔbliga'ʂʊn]
promissory note	veksel (m)	['vɛksəl]

| stock exchange | børs (m) | ['bœʂ] |
| stock price | aksjekurs (m) | ['akʂə,kʉʂ] |

| to go down (become cheaper) | å gå ned | [ɔ 'gɔ ne] |
| to go up (become more expensive) | å gå opp | [ɔ 'gɔ ɔp] |

share	andel (m)	['an,del]
controlling interest	aksjemajoritet (m)	['akʂə,majɔri'tet]
investment	investering (m/f)	[inve'steriŋ]
to invest (vt)	å investere	[ɔ inve'sterə]
percent	prosent (m)	[prʊ'sɛnt]
interest (on investment)	rente (m/f)	['rɛntə]
profit	profitt (m), fortjeneste (m/f)	[prɔ'fit], [fɔː'tjenɛstə]
profitable (adj)	profitabel	[prɔfi'tabəl]
tax	skatt (m)	['skat]

currency (foreign ~)	valuta (m)	[va'lʉta]
national (adj)	nasjonal	[naʂʊ'nal]
exchange (currency ~)	veksling (m/f)	['vɛksliŋ]

| accountant | regnskapsfører (m) | ['rɛjnskaps,førər] |
| accounting | bokføring (m/f) | ['bʊk'føriŋ] |

bankruptcy	fallitt (m)	[fa'lit]
collapse, crash	krakk (n)	['krak]
ruin	ruin (m)	[rʉ'in]
to be ruined (financially)	å ruinere seg	[ɔ rʉi'nerə sæj]
inflation	inflasjon (m)	[infla'ʂʊn]
devaluation	devaluering (m)	[devalʉ'eriŋ]

capital	kapital (m)	[kapi'tal]
income	inntekt (m/f), innkomst (m)	['in,tɛkt], ['in,kɔmst]
turnover	omsetning (m/f)	['ɔm,sɛtniŋ]
resources	ressurser (m pl)	[re'sʉʂər]
monetary resources	pengemidler (m pl)	['pɛŋə,midlər]
overhead	faste utgifter (m/f pl)	['fastə 'ʉt,jiftər]
to reduce (expenses)	å redusere	[ɔ redʉ'serə]

76. Marketing

marketing	markedsføring (m/f)	['mɑrkəds,føriŋ]
market	marked (n)	['mɑrkəd]
market segment	markedssegment (n)	['mɑrkəds sɛg'mɛnt]
product	produkt (n)	[prʊ'dʉkt]
goods (merchandise)	vare (m/f)	['vɑrə]

brand	merkenavn (n)	['mærkə,nɑvn]
trademark	varemerke (n)	['vɑrə,mærkə]
logotype	firmamerke (n)	['firmɑ,mærkə]
logo	logo (m)	['lugʊ]

demand	etterspørsel (m)	['ɛtə,spœʂəl]
supply	tilbud (n)	['til,bʉd]
need	behov (n)	[be'hʊv]
consumer	forbruker (m)	[fɔr'brʉkər]

analysis	analyse (m)	[ɑnɑ'lysə]
to analyze (vt)	å analysere	[ɔ ɑnɑly'serə]
positioning	posisjonering (m/f)	[pʊsiʂʊ'neriŋ]
to position (vt)	å posisjonere	[ɔ pʊsiʂʊ'nerə]

price	pris (m)	['pris]
pricing policy	prispolitikk (m)	['pris pʊli'tik]
price formation	prisdannelse (m)	['pris,dɑnəlsə]

77. Advertising

advertising	reklame (m)	[rɛ'klɑmə]
to advertise (vt)	å reklamere	[ɔ rɛklɑ'merə]
budget	budsjett (n)	[bʉd'ʂɛt]

ad, advertisement	annonse (m)	[ɑ'nɔnsə]
TV advertising	TV-reklame (m)	['tɛvɛ rɛ'klɑmə]
radio advertising	radioreklame (m)	['rɑdiʊ rɛ'klɑmə]
outdoor advertising	utendørsreklame (m)	['ʉtən,dœʂ rɛ'klɑmə]

mass media	massemedier (n pl)	['mɑsə,mediər]
periodical (n)	tidsskrift (n)	['tid,skrift]
image (public appearance)	image (m)	['imidʒ]

slogan	slogan (n)	['slɔgɑn]
motto (maxim)	motto (n)	['mɔtʊ]

campaign	kampanje (m)	[kɑm'pɑnjə]
advertising campaign	reklamekampanje (m)	[rɛ'klɑmə kɑm'pɑnjə]
target group	målgruppe (m/f)	['mɔːl,grʉpə]
business card	visittkort (n)	[vi'sit,kɔːt]

leaflet (promotional ~)	reklameblad (n)	[rɛ'klamə,bla]
brochure (e.g., 12 pages ~)	brosjyre (m)	[brɔ'ʂyrə]
pamphlet	folder (m)	['fɔlər]
newsletter	nyhetsbrev (n)	['nyhets,brev]

signboard (store sign, etc.)	skilt (n)	['ʂilt]
poster	plakat, poster (m)	['pla,kat], ['pɔstər]
billboard	reklameskilt (m/f)	[rɛ'klamə,ʂilt]

78. Banking

| bank | bank (m) | ['bank] |
| branch (of bank, etc.) | avdeling (m) | ['av,delin] |

| bank clerk, consultant | konsulent (m) | [kʊnsʉ'lent] |
| manager (director) | forstander (m) | [fɔ'ʂtandər] |

bank account	bankkonto (m)	['bank,kɔntʊ]
account number	kontonummer (n)	['kɔntʊ,nʉmər]
checking account	sjekkonto (m)	['ʂɛk,kɔntʊ]
savings account	sparekonto (m)	['sparə,kɔntʊ]

to open an account	å åpne en konto	[ɔ 'ɔpnə en 'kɔntʊ]
to close the account	å lukke kontoen	[ɔ 'lʉkə 'kɔntʊən]
to deposit into the account	å sette inn på kontoen	[ɔ 'sɛtə in pɔ 'kɔntʊən]
to withdraw (vt)	å ta ut fra kontoen	[ɔ 'ta ʉt fra 'kɔntʊən]

deposit	innskudd (n)	['in,skʉd]
to make a deposit	å sette inn	[ɔ 'sɛtə in]
wire transfer	overføring (m/f)	['ɔvər,førin]
to wire, to transfer	å overføre	[ɔ 'ɔvər,førə]

| sum | sum (m) | ['sʉm] |
| How much? | Hvor mye? | [vʊr 'mye] |

| signature | underskrift (m/f) | ['ʉnə,ʂkrift] |
| to sign (vt) | å underskrive | [ɔ 'ʉnə,ʂkrivə] |

credit card	kredittkort (n)	[krɛ'dit,kɔːʈ]
code (PIN code)	kode (m)	['kʊdə]
credit card number	kreditkortnummer (n)	[krɛ'dit,kɔːʈ 'nʉmər]
ATM	minibank (m)	['mini,bank]

check	sjekk (m)	['ʂɛk]
to write a check	å skrive en sjekk	[ɔ 'skrivə en 'ʂɛk]
checkbook	sjekkbok (m/f)	['ʂɛk,bʊk]

| loan (bank ~) | lån (n) | ['lɔn] |
| to apply for a loan | å søke om lån | [ɔ ,søkə ɔm 'lɔn] |

to get a loan	å få lån	[ɔ 'fɔ 'lɔn]
to give a loan	å gi lån	[ɔ 'ji 'lɔn]
guarantee	garanti (m)	[garan'ti]

79. Telephone. Phone conversation

telephone	telefon (m)	[tele'fʊn]
cell phone	mobiltelefon (m)	[mʊ'bil tele'fʊn]
answering machine	telefonsvarer (m)	[tele'fʊn͵svarər]

| to call (by phone) | å ringe | [ɔ 'riŋə] |
| phone call | telefonsamtale (m) | [tele'fʊn 'sam͵talə] |

to dial a number	å slå et nummer	[ɔ 'ʂlɔ et 'nʉmər]
Hello!	Hallo!	[ha'lʉ]
to ask (vt)	å spørre	[ɔ 'spøre]
to answer (vi, vt)	å svare	[ɔ 'svarə]

to hear (vt)	å høre	[ɔ 'hørə]
well (adv)	godt	['gɔt]
not well (adv)	dårlig	['doːli]
noises (interference)	støy (m)	['støj]

receiver	telefonrør (n)	[tele'fʊn͵rør]
to pick up (~ the phone)	å ta telefonen	[ɔ 'ta tele'fʊnən]
to hang up (~ the phone)	å legge på røret	[ɔ 'legə pɔ 'rørə]

busy (engaged)	opptatt	['ɔp͵tat]
to ring (ab. phone)	å ringe	[ɔ 'riŋə]
telephone book	telefonkatalog (m)	[tele'fʊn kata'lɔg]

local (adj)	lokal-	[lo'kal-]
local call	lokalsamtale (m)	[lo'kal 'sam͵talə]
long distance (~ call)	riks-	['riks-]
long-distance call	rikssamtale (m)	['riks 'sam͵talə]
international (adj)	internasjonal	['intɛːnaʂʊ͵nal]
international call	internasjonal samtale (m)	['intɛːnaʂʊ͵nal 'sam͵talə]

80. Cell phone

cell phone	mobiltelefon (m)	[mʊ'bil tele'fʊn]
display	skjerm (m)	['ʂærm]
button	knapp (m)	['knap]
SIM card	SIM-kort (n)	['sim͵kɔːt]

battery	batteri (n)	[batɛ'ri]
to be dead (battery)	å bli utladet	[ɔ 'bli 'ʉt͵ladet]
charger	lader (m)	['ladər]

menu	meny (m)	[me'ny]
settings	innstillinger (m/f pl)	['in,stiliŋər]
tune (melody)	melodi (m)	[melɔ'di]
to select (vt)	å velge	[ɔ 'vɛlgə]
calculator	regnemaskin (m)	['rɛjnə ma,ʂin]
voice mail	telefonsvarer (m)	[tele'fʊn,svarər]
alarm clock	vekkerklokka (m/f)	['vɛkər,klɔka]
contacts	kontakter (m pl)	[kʊn'taktər]
SMS (text message)	SMS-beskjed (m)	[ɛsɛm'ɛs bɛ,ʂɛ]
subscriber	abonnent (m)	[abɔ'nɛnt]

81. Stationery

ballpoint pen	kulepenn (m)	['kʉːlə,pɛn]
fountain pen	fyllepenn (m)	['fʏlə,pɛn]
pencil	blyant (m)	['bly,ant]
highlighter	merkepenn (m)	['mærkə,pɛn]
felt-tip pen	tusjpenn (m)	['tʉʂ,pɛn]
notepad	notatbok (m/f)	[nʊ'tat,bʊk]
agenda (diary)	dagbok (m/f)	['dag,bʊk]
ruler	linjal (m)	[li'njal]
calculator	regnemaskin (m)	['rɛjnə ma,ʂin]
eraser	viskelær (n)	['viskə,lær]
thumbtack	tegnestift (m)	['tæjnə,stift]
paper clip	binders (m)	['bindɛʂ]
glue	lim (n)	['lim]
stapler	stiftemaskin (m)	['stiftə ma,ʂin]
hole punch	hullemaskin (m)	['hʉlə ma,ʂin]
pencil sharpener	blyantspisser (m)	['blyant,spisər]

82. Kinds of business

accounting services	bokføringstjenester (m pl)	['bʊk,føriŋs 'tjenɛstər]
advertising	reklame (m)	[rɛ'klamə]
advertising agency	reklamebyrå (n)	[rɛ'klamə by,ro]
air-conditioners	klimaanlegg (n pl)	['klima'an,leg]
airline	flyselskap (n)	['flysəl,skap]
alcoholic beverages	alkoholholdige drikke (m pl)	[alkʊ'hʊl,hɔldiə 'drikə]
antiques (antique dealers)	antikviteter (m pl)	[antikvi'tetər]
art gallery (contemporary ~)	kunstgalleri (n)	['kʉnst gale'ri]

English	Norwegian	Pronunciation
audit services	revisjonstjenester (m pl)	[revi'ʂuns̩tjenɛstər]
banking industry	bankvirksomhet (m/f)	['bɑŋk̩virksɔmhet]
bar	bar (m)	['bɑr]
beauty parlor	skjønnhetssalong (m)	['ʂønhɛts sɑ'lɔŋ]
bookstore	bokhandel (m)	['bʊk̩handəl]
brewery	bryggeri (n)	[brʏge'ri]
business center	forretningssenter (n)	[fɔ'rɛtniŋs̩sɛntər]
business school	handelsskole (m)	['handəls̩skʊlə]
casino	kasino (n)	[kɑ'sinʊ]
construction	byggeri (m/f)	[bʏge'ri]
consulting	konsulenttjenester (m pl)	[kʊnsu'lent ˌtjenɛstər]
dental clinic	tannklinik (m)	['tɑnkli'nik]
design	design (m)	['desɑjn]
drugstore, pharmacy	apotek (n)	[apʊ'tek]
dry cleaners	renseri (n)	[rɛnse'ri]
employment agency	rekrutteringsbyrå (n)	['rekrʉˌteriŋs byˌro]
financial services	finansielle tjenester (m pl)	[finan'sielə ˌtjenɛstər]
food products	matvarer (m/f pl)	['matˌvarər]
funeral home	begravelsesbyrå (n)	[be'grɑvəlsəs byˌro]
furniture (e.g., house ~)	møbler (n pl)	['møblər]
clothing, garment	klær (n)	['klær]
hotel	hotell (n)	[hʊ'tɛl]
ice-cream	iskrem (m)	['iskrɛm]
industry (manufacturing)	industri (m)	[indʉ'stri]
insurance	forsikring (m/f)	[fɔ'ʂikriŋ]
Internet	Internett	['intəˌnɛt]
investments (finance)	investering (m/f)	[inve'steriŋ]
jeweler	juveler (m)	[jʉ'velər]
jewelry	smykker (n pl)	['smʏkər]
laundry (shop)	vaskeri (n)	[vaske'ri]
legal advisor	juridisk rådgiver (m pl)	[jʉ'ridisk 'rɔdˌjivər]
light industry	lettindustri (m)	['letˌindʉ'stri]
magazine	magasin, tidsskrift (n)	[magɑ'sin], ['tidˌskrift]
mail-order selling	postordresalg (m)	['postˌɔrdrə'sɑlg]
medicine	medisin (m)	[medi'sin]
movie theater	kino (m)	['çinʊ]
museum	museum (n)	[mʉ'seum]
news agency	nyhetsbyrå (n)	['nyhets byˌro]
newspaper	avis (m/f)	[ɑ'vis]
nightclub	nattklubb (m)	['natˌklʉb]
oil (petroleum)	olje (m)	['ɔljə]
courier services	budtjeneste (m)	[bʉd'tjenɛstə]
pharmaceutics	legemidler (pl)	['lege'midlər]
printing (industry)	trykkeri (n)	[trʏkə'ri]

publishing house	forlag (n)	['fɔːlɑg]
radio (~ station)	radio (m)	['rɑdiʉ]
real estate	fast eiendom (m)	[ˌfɑst 'æjənˌdɔm]
restaurant	restaurant (m)	[rɛstʉ'rɑŋ]

security company	sikkerhetsselskap (n)	['sikərhɛts 'selˌskɑp]
sports	sport, idrett (m)	['spɔːt], ['idrɛt]
stock exchange	børs (m)	['bœʂ]
store	forretning, butikk (m)	[fɔ'rɛtniŋ], [bʉ'tik]
supermarket	supermarked (n)	['sʉpəˌmɑrket]
swimming pool (public ~)	svømmebasseng (n)	['svœməˌbɑ'sɛŋ]

tailor shop	skredderi (n)	[skrɛde'ri]
television	televisjon (m)	['televiˌʂʊn]
theater	teater (n)	[te'ɑtər]
trade (commerce)	handel (m)	['hɑndəl]
transportation	transport (m)	[trɑns'pɔːt]
travel	turisme (m)	[tʉ'rismə]

veterinarian	dyrlege, veterinær (m)	['dyrˌlegə], [vetəri'nær]
warehouse	lager (n)	['lɑgər]
waste collection	avfallstømming (m/f)	['ɑvfɑlsˌtømiŋ]

Job. Business. Part 2

83. Show. Exhibition

exhibition, show	messe (m/f)	['mɛsə]
trade show	varemesse (m/f)	['varə͵mɛsə]
participation	deltagelse (m)	['dɛl͵tagəlsə]
to participate (vi)	å delta	[ɔ 'dɛlta]
participant (exhibitor)	deltaker (m)	['dɛl͵takər]
director	direktør (m)	[dirɛk'tør]
organizers' office	arrangørkontor (m)	[araŋ'sør kʉn'tʉr]
organizer	arrangør (m)	[araŋ'sør]
to organize (vt)	å organisere	[ɔ ɔrgani'serə]
participation form	påmeldingsskjema (n)	['pɔmeliŋs͵sɛma]
to fill out (vt)	å utfylle	[ɔ 'ʉt͵fylə]
details	detaljer (m pl)	[de'taljər]
information	informasjon (m)	[informa'ʂʉn]
price (cost, rate)	pris (m)	['pris]
including	inklusive	['inklʉ͵sivə]
to include (vt)	å inkludere	[ɔ inklʉ'derə]
to pay (vi, vt)	å betale	[ɔ be'talə]
registration fee	registreringsavgift (m/f)	[rɛgi'strɛriŋs av'jift]
entrance	inngang (m)	['in͵gaŋ]
pavilion, hall	paviljong (m)	[pavi'ljɔŋ]
to register (vt)	å registrere	[ɔ regi'strerə]
badge (identity tag)	badge (n)	['bædʒ]
booth, stand	messestand (m)	['mɛsə͵stan]
to reserve, to book	å reservere	[ɔ resɛr'verə]
display case	glassmonter (m)	['glas͵mɔntər]
spotlight	lampe (m/f), spotlys (n)	['lampə], ['spɔt͵lys]
design	design (m)	['desajn]
to place (put, set)	å plassere	[ɔ pla'serə]
to be placed	å bli plasseret	[ɔ 'bli pla'serət]
distributor	distributør (m)	[distribʉ'tør]
supplier	leverandør (m)	[levəran'dør]
to supply (vt)	å levere	[ɔ le'verə]
country	land (n)	['lan]
foreign (adj)	utenlandsk	['ʉtən͵lansk]

product	produkt (n)	[prʊ'dʉkt]
association	forening (m/f)	[fɔ'reniŋ]
conference hall	konferansesal (m)	[kʊnfe'ransə‚sɑl]
congress	kongress (m)	[kʊn'grɛs]
contest (competition)	tevling (m)	['tɛvliŋ]

visitor (attendee)	besøkende (m)	[be'søkenə]
to visit (attend)	å besøke	[ɔ be'søkə]
customer	kunde (m)	['kʉndə]

84. Science. Research. Scientists

science	vitenskap (m)	['vitən‚skɑp]
scientific (adj)	vitenskapelig	['vitən‚skɑpəli]
scientist	vitenskapsmann (m)	['vitən‚skɑps mɑn]
theory	teori (m)	[teʉ'ri]

axiom	aksiom (n)	[aksi'ɔm]
analysis	analyse (m)	[ɑnɑ'lysə]
to analyze (vt)	å analysere	[ɔ ɑnaly'serə]
argument (strong ~)	argument (n)	[argʉ'mɛnt]
substance (matter)	stoff (n), substans (m)	['stɔf], [sʉb'stɑns]

hypothesis	hypotese (m)	[hypʊ'tesə]
dilemma	dilemma (n)	[di'lemɑ]
dissertation	avhandling (m/f)	['ɑv‚hɑndliŋ]
dogma	dogme (n)	['dɔgmə]

doctrine	doktrine (m)	[dɔk'trinə]
research	forskning (m)	['fɔːʂkniŋ]
to research (vt)	å forske	[ɔ 'fɔːʂkə]
tests (laboratory ~)	test (m), prøve (m/f)	['tɛst], ['prøvə]
laboratory	laboratorium (n)	[lɑbʊrɑ'tɔrium]

method	metode (m)	[me'tɔdə]
molecule	molekyl (n)	[mʊle'kyl]
monitoring	overvåking (m/f)	['ɔver‚vɔkiŋ]
discovery (act, event)	oppdagelse (m)	['ɔp‚dɑgəlsə]

postulate	postulat (n)	[pɔstʉ'lɑt]
principle	prinsipp (n)	[prin'sip]
forecast	prognose (m)	[prʊg'nʉsə]
to forecast (vt)	å prognostisere	[ɔ prʊgnʊsti'serə]

synthesis	syntese (m)	[syn'tesə]
trend (tendency)	tendens (m)	[tɛn'dɛns]
theorem	teorem (n)	[teʉ'rɛm]

| teachings | lære (m/f pl) | ['lærə] |
| fact | faktum (n) | ['fɑktum] |

expedition	**ekspedisjon** (m)	[ɛkspedi'ʂʊn]
experiment	**eksperiment** (n)	[ɛksperi'mɛnt]
academician	**akademiker** (m)	[ɑkɑ'demikər]
bachelor (e.g., ~ of Arts)	**bachelor** (m)	['batʂɛlɔr]
doctor (PhD)	**doktor** (m)	['dɔktʊr]
Associate Professor	**dosent** (m)	[dʊ'sɛnt]
Master (e.g., ~ of Arts)	**magister** (m)	[mɑ'gistər]
professor	**professor** (m)	[prʊ'fɛsʊr]

Professions and occupations

85. Job search. Dismissal

job	arbeid (n), jobb (m)	['arbæj], ['job]
staff (work force)	ansatte (pl)	['anˌsatə]
personnel	personale (n)	[pæʂu'nalə]
career	karriere (m)	[kari'ɛrə]
prospects (chances)	utsikter (m pl)	['ʉtˌsiktər]
skills (mastery)	mesterskap (n)	['mɛstæˌskap]
selection (screening)	utvelgelse (m)	['ʉtˌvɛlgəlsə]
employment agency	rekrutteringsbyrå (n)	['rekruˌteriŋs byˌro]
résumé	CV (m/n)	['sɛvɛ]
job interview	jobbintervju (n)	['job ˌintər'vjʉ]
vacancy, opening	vakanse (m)	['vakansə]
salary, pay	lønn (m/f)	['lœn]
fixed salary	fastlønn (m/f)	['fastˌlœn]
pay, compensation	betaling (m/f)	[be'taliŋ]
position (job)	stilling (m/f)	['stiliŋ]
duty (of employee)	plikt (m/f)	['plikt]
range of duties	arbeidsplikter (m/f pl)	['arbæjdsˌpliktər]
busy (I'm ~)	opptatt	['opˌtat]
to fire (dismiss)	å avskjedige	[ɔ 'afˌʂedigə]
dismissal	avskjedigelse (m)	['afʂeˌdigəlsə]
unemployment	arbeidsløshet (m)	['arbæjdsløsˌhet]
unemployed (n)	arbeidsløs (m)	['arbæjdsˌløs]
retirement	pensjon (m)	[pan'ʂun]
to retire (from job)	å gå av med pensjon	[ɔ 'gɔ a: me pan'ʂun]

86. Business people

director	direktør (m)	[dirɛk'tør]
manager (director)	forstander (m)	[fo'ʂtandər]
boss	boss (m)	['bɔs]
superior	overordnet (m)	['ɔvərˌordnet]
superiors	overordnede (pl)	['ɔvərˌordnedə]
president	president (m)	[prɛsi'dɛnt]

chairman	styreformann (m)	['styrə̩fɔrmɑn]
deputy (substitute)	stedfortreder (m)	['stedfɔːˌtredər]
assistant	assistent (m)	[ɑsi'stɛnt]
secretary	sekretær (m)	[sɛkrə'tær]
personal assistant	privatsekretær (m)	[pri'vɑt sɛkrə'tær]

businessman	forretningsmann (m)	[fɔ'rɛtniŋsˌmɑn]
entrepreneur	entreprenør (m)	[ɛntreprə'nør]
founder	grunnlegger (m)	['grʉnˌlegər]
to found (vt)	å grunnlegge, å stifte	[ɔ 'grʉnˌlegə], [ɔ 'stiftə]

incorporator	stifter (m)	['stiftər]
partner	partner (m)	['pɑːtnər]
stockholder	aksjonær (m)	[ɑkʂʉ'nær]

millionaire	millionær (m)	[milju'nær]
billionaire	milliardær (m)	[miljɑː'dær]
owner, proprietor	eier (m)	['æjər]
landowner	jordeier (m)	['juːrˌæjər]

client	kunde (m)	['kʉndə]
regular client	fast kunde (m)	[ˌfɑst 'kʉndə]
buyer (customer)	kjøper (m)	['çœːpər]
visitor	besøkende (m)	[be'søkene]

professional (n)	yrkesmann (m)	['yrkəsˌmɑn]
expert	ekspert (m)	[ɛks'pæːt]
specialist	spesialist (m)	[spesiɑ'list]

banker	bankier (m)	[bɑnki'e]
broker	mekler, megler (m)	['mɛklər]

cashier, teller	kasserer (m)	[kɑ'serər]
accountant	regnskapsfører (m)	['rɛjnskɑpsˌførər]
security guard	sikkerhetsvakt (m/f)	['sikərhɛtsˌvɑkt]

investor	investor (m)	[in'vɛstʉr]
debtor	skyldner (m)	['ʂylnər]
creditor	kreditor (m)	['krɛditʉr]
borrower	låntaker (m)	['lɔnˌtɑkər]

importer	importør (m)	[impɔː'tør]
exporter	eksportør (m)	[ɛkspɔː'tør]

manufacturer	produsent (m)	[prʉdʉ'sɛnt]
distributor	distributør (m)	[distribʉ'tør]
middleman	mellommann (m)	['mɛlɔˌmɑn]

consultant	konsulent (m)	[kʉnsʉ'lɛnt]
sales representative	representant (m)	[represɛn'tɑnt]
agent	agent (m)	[ɑ'gɛnt]
insurance agent	forsikringsagent (m)	[fɔ'ʂikriŋs ɑ'gɛnt]

87. Service professions

cook	kokk (m)	['kʊk]
chef (kitchen chef)	sjefkokk (m)	['ʂɛfˌkʊk]
baker	baker (m)	['bɑkər]
bartender	bartender (m)	['bɑːˌtɛndər]
waiter	servitør (m)	['særvi'tør]
waitress	servitrise (m/f)	[særvi'trisə]
lawyer, attorney	advokat (m)	[ɑdvʊ'kɑt]
lawyer (legal expert)	jurist (m)	[jʉ'rist]
notary	notar (m)	[nʊ'tɑr]
electrician	elektriker (m)	[ɛ'lektrikər]
plumber	rørlegger (m)	['rørˌlegər]
carpenter	tømmermann (m)	['tœmərˌmɑn]
masseur	massør (m)	[mɑ'sør]
masseuse	massøse (m)	[mɑ'søsə]
doctor	lege (m)	['legə]
taxi driver	taxisjåfør (m)	['tɑksi ʂɔ'før]
driver	sjåfør (m)	[ʂɔ'før]
delivery man	bud (n)	['bʉd]
chambermaid	stuepike (m/f)	['stʉəˌpikə]
security guard	sikkerhetsvakt (m/f)	['sikərhɛtsˌvɑkt]
flight attendant (fem.)	flyvertinne (m/f)	[flyvɛ:'tinə]
schoolteacher	lærer (m)	['lærər]
librarian	bibliotekar (m)	[bibliʉ'tekɑr]
translator	oversetter (m)	['ɔvəˌsɛtər]
interpreter	tolk (m)	['tɔlk]
guide	guide (m)	['gɑjd]
hairdresser	frisør (m)	[fri'sør]
mailman	postbud (n)	['pɔstˌbʉd]
salesman (store staff)	forselger (m)	[fɔ'ʂɛlər]
gardener	gartner (m)	['gɑːtnər]
domestic servant	tjener (m)	['tjenər]
maid (female servant)	tjenestepike (m/f)	['tjenɛstəˌpikə]
cleaner (cleaning lady)	vaskedame (m/f)	['vɑskəˌdɑmə]

88. Military professions and ranks

private	menig (m)	['meni]
sergeant	sersjant (m)	[sær'ʂɑnt]

| lieutenant | løytnant (m) | ['løjt‚nant] |
| captain | kaptein (m) | [kap'tæjn] |

major	major (m)	[ma'jɔr]
colonel	oberst (m)	['ʊbɛ̦st]
general	general (m)	[geneˈral]
marshal	marskalk (m)	['marʂal]
admiral	admiral (m)	[admiˈral]

military (n)	militær (m)	[miliˈtær]
soldier	soldat (m)	[sʊlˈdat]
officer	offiser (m)	[ɔfiˈsɛr]
commander	befalshaver (m)	[beˈfals‚havər]

border guard	grensevakt (m/f)	['grɛnsə‚vakt]
radio operator	radiooperatør (m)	['radiʊ ʊpəraˈtør]
scout (searcher)	oppklaringssoldat (m)	['ɔp‚klariŋ sʊlˈdat]
pioneer (sapper)	pioner (m)	[piʊˈner]
marksman	skytter (m)	['ʂytər]
navigator	styrmann (m)	['styr‚man]

89. Officials. Priests

| king | konge (m) | ['kʊŋə] |
| queen | dronning (m/f) | ['drɔniŋ] |

| prince | prins (m) | ['prins] |
| princess | prinsesse (m/f) | [prinˈsɛsə] |

| czar | tsar (m) | ['tsar] |
| czarina | tsarina (m) | [tsaˈrina] |

president	president (m)	[prɛsiˈdɛnt]
Secretary (minister)	minister (m)	[miˈnistər]
prime minister	statsminister (m)	['stats miˈnistər]
senator	senator (m)	[seˈnatʊr]

diplomat	diplomat (m)	[diplʊˈmat]
consul	konsul (m)	['kʊn‚sʉl]
ambassador	ambassadør (m)	[ambasaˈdør]
counsilor (diplomatic officer)	rådgiver (m)	['rɔd‚jivər]

official, functionary (civil servant)	embetsmann (m)	['ɛmbets‚man]
prefect	prefekt (m)	[prɛˈfɛkt]
mayor	borgermester (m)	[bɔrgərˈmɛstər]
judge	dommer (m)	['dɔmər]
prosecutor (e.g., district attorney)	anklager (m)	['an‚klagər]

missionary	misjonær (m)	[miʂʉ'nær]
monk	munk (m)	['mʉnk]
abbot	abbed (m)	['ɑbed]
rabbi	rabbiner (m)	[rɑ'binər]

vizier	vesir (m)	[vɛ'sir]
shah	sjah (m)	['ʂɑ]
sheikh	sjeik (m)	['ʂæjk]

90. Agricultural professions

beekeeper	birøkter (m)	['bi‚røktər]
herder, shepherd	gjeter, hyrde (m)	['jetər], ['hʏrdə]
agronomist	agronom (m)	[ɑgrʊ'nʊm]
cattle breeder	husdyrholder (m)	['hʉsdyr‚hɔldər]
veterinarian	dyrlege, veterinær (m)	['dyr‚legə], [vetəri'nær]

farmer	gårdbruker, bonde (m)	['gɔːr‚brʉkər], ['bɔnə]
winemaker	vinmaker (m)	['vin‚mɑkər]
zoologist	zoolog (m)	[sʊː'lɔg]
cowboy	cowboy (m)	['kɑw‚bɔj]

91. Art professions

| actor | skuespiller (m) | ['skʉə‚spilər] |
| actress | skuespillerinne (m/f) | ['skʉə‚spilə'rinə] |

| singer (masc.) | sanger (m) | ['sɑŋər] |
| singer (fem.) | sangerinne (m/f) | [sɑŋə'rinə] |

| dancer (masc.) | danser (m) | ['dɑnsər] |
| dancer (fem.) | danserinne (m/f) | [dɑnse'rinə] |

| performer (masc.) | skuespiller (m) | ['skʉə‚spilər] |
| performer (fem.) | skuespillerinne (m/f) | ['skʉə‚spilə'rinə] |

musician	musiker (m)	['mʉsikər]
pianist	pianist (m)	[piɑ'nist]
guitar player	gitarspiller (m)	[gi'tɑr‚spilər]

conductor (orchestra ~)	dirigent (m)	[diri'gɛnt]
composer	komponist (m)	[kʊmpʊ'nist]
impresario	impresario (m)	[impre'sɑriʉ]

film director	regissør (m)	[rɛʂi'sør]
producer	produsent (m)	[prʊdʉ'sɛnt]
scriptwriter	manusforfatter (m)	['mɑnʉs fɔr'fɑtər]
critic	kritiker (m)	['kritikər]

writer	forfatter (m)	[fɔr'fatər]
poet	poet, dikter (m)	['pɔɛt], ['diktər]
sculptor	skulptør (m)	[skʉlp'tør]
artist (painter)	kunstner (m)	['kʉnstnər]

juggler	sjonglør (m)	[ʂɔŋ'lør]
clown	klovn (m)	['klɔvn]
acrobat	akrobat (m)	[akrʉ'bɑt]
magician	tryllekunstner (m)	['trʏlə‚kʉnstnər]

92. Various professions

doctor	lege (m)	['legə]
nurse	sykepleierske (m/f)	['sykə‚plæjeʂkə]
psychiatrist	psykiater (m)	[syki'ɑtər]
dentist	tannlege (m)	['tɑn‚legə]
surgeon	kirurg (m)	[çi'rʉrg]

| astronaut | astronaut (m) | [ɑstrʉ'nɑʊt] |
| astronomer | astronom (m) | [ɑstrʉ'nʊm] |

driver (of taxi, etc.)	fører (m)	['førər]
engineer (train driver)	lokfører (m)	['lʊk‚førər]
mechanic	mekaniker (m)	[me'kɑnikər]

miner	gruvearbeider (m)	['grʉvə'ɑr‚bæjdər]
worker	arbeider (m)	['ɑr‚bæjdər]
locksmith	låsesmed (m)	['lo:sə‚sme]
joiner (carpenter)	snekker (m)	['snɛkər]
turner (lathe machine operator)	dreier (m)	['dræjər]
construction worker	bygningsarbeider (m)	['bʏgniŋs 'ɑr‚bæjər]
welder	sveiser (m)	['svæjsər]

professor (title)	professor (m)	[prʉ'fɛsʊr]
architect	arkitekt (m)	[ɑrki'tɛkt]
historian	historiker (m)	[hi'stʊrikər]
scientist	vitenskapsmann (m)	['vitən‚skɑps mɑn]
physicist	fysiker (m)	['fysikər]
chemist (scientist)	kjemiker (m)	['çemikər]

archeologist	arkeolog (m)	[‚ɑrkeʊ'lɔg]
geologist	geolog (m)	[geʊ'lɔg]
researcher (scientist)	forsker (m)	['fɔʂkər]

| babysitter | babysitter (m) | ['bɛby‚sitər] |
| teacher, educator | lærer, pedagog (m) | [lærər], [pedɑ'gɔg] |

| editor | redaktør (m) | [rɛdak'tør] |
| editor-in-chief | sjefredaktør (m) | ['ʂɛf rɛdak'tør] |

| correspondent | korrespondent (m) | [kʊrespɔn'dɛnt] |
| typist (fem.) | maskinskriverske (m) | [mɑ'ʂin ˌskrivɛʂkə] |

designer	designer (m)	[de'sɑjnər]
computer expert	dataekspert (m)	['dɑtɑ ɛks'pɛːt]
programmer	programmerer (m)	[prʊgrɑ'merər]
engineer (designer)	ingeniør (m)	[inʂə'njør]

sailor	sjømann (m)	['ʂøˌmɑn]
seaman	matros (m)	[mɑ'trʊs]
rescuer	redningsmann (m)	['rɛdniŋsˌmɑn]

fireman	brannmann (m)	['brɑnˌmɑn]
police officer	politi (m)	[pʊli'ti]
watchman	nattvakt (m)	['nɑtˌvɑkt]
detective	detektiv (m)	[detɛk'tiv]

customs officer	tollbetjent (m)	['tɔlbeˌtjɛnt]
bodyguard	livvakt (m/f)	['livˌvɑkt]
prison guard	fangevokter (m)	['fɑŋəˌvoktər]
inspector	inspektør (m)	[inspɛk'tør]

sportsman	idrettsmann (m)	['idrɛtsˌmɑn]
trainer, coach	trener (m)	['trenər]
butcher	slakter (m)	['ʂlɑktər]
cobbler (shoe repairer)	skomaker (m)	['skʊˌmɑkər]
merchant	handelsmann (m)	['hɑndəlsˌmɑn]
loader (person)	lastearbeider (m)	['lɑstə'ɑrˌbæjdər]

| fashion designer | moteskaper (m) | ['mʊtəˌskɑpər] |
| model (fem.) | modell (m) | [mʊ'dɛl] |

93. Occupations. Social status

| schoolboy | skolegutt (m) | ['skʊləˌgʉt] |
| student (college ~) | student (m) | [stʉ'dɛnt] |

philosopher	filosof (m)	[filu'sʊf]
economist	økonom (m)	[økʊ'nʊm]
inventor	oppfinner (m)	['ɔpˌfinər]

unemployed (n)	arbeidsløs (m)	['ɑrbæjdsˌløs]
retiree	pensjonist (m)	[pɑnʂʊ'nist]
spy, secret agent	spion (m)	[spi'un]

prisoner	fange (m)	['fɑŋə]
striker	streiker (m)	['stræjkər]
bureaucrat	byråkrat (m)	[byrɔ'krɑt]
traveler (globetrotter)	reisende (m)	['ræjsenə]
gay, homosexual (n)	homofil (m)	['hʊmʊˌfil]

hacker	**hacker** (m)	['hakər]
hippie	**hippie** (m)	['hipi]
bandit	**banditt** (m)	[bɑn'dit]
hit man, killer	**leiemorder** (m)	['læjəˌmʊrdər]
drug addict	**narkoman** (m)	[nɑrkʉ'mɑn]
drug dealer	**narkolanger** (m)	['nɑrkɔˌlɑŋər]
prostitute (fem.)	**prostituert** (m)	[prʊstitʉ'eːt]
pimp	**hallik** (m)	['hɑlik]
sorcerer	**trollmann** (m)	['trɔlˌmɑn]
sorceress (evil ~)	**trollkjerring** (m/f)	['trɔlˌçæriŋ]
pirate	**pirat, sjørøver** (m)	['pi'rɑt], ['ʂøˌrøvər]
slave	**slave** (m)	['slɑvə]
samurai	**samurai** (m)	[sɑmʉ'rɑj]
savage (primitive)	**villmann** (m)	['vilˌmɑn]

Education

94. School

school	skole (m/f)	['skʉlə]
principal (headmaster)	rektor (m)	['rektʊr]
pupil (boy)	elev (m)	[e'lev]
pupil (girl)	elev (m)	[e'lev]
schoolboy	skolegutt (m)	['skʉlə‚gʉt]
schoolgirl	skolepike (m)	['skʉlə‚pikə]
to teach (sb)	å undervise	[ɔ 'ʉnər‚visə]
to learn (language, etc.)	å lære	[ɔ 'lærə]
to learn by heart	å lære utenat	[ɔ 'lærə 'ʉtənɑt]
to learn (~ to count, etc.)	å lære	[ɔ 'lærə]
to be in school	å gå på skolen	[ɔ 'gɔ pɔ 'skʉlən]
to go to school	å gå på skolen	[ɔ 'gɔ pɔ 'skʉlən]
alphabet	alfabet (n)	[ɑlfɑ'bet]
subject (at school)	fag (n)	['fɑg]
classroom	klasserom (m/f)	['klɑsə‚rʊm]
lesson	time (m)	['timə]
recess	frikvarter (n)	['frikvɑː‚tər]
school bell	skoleklokke (m/f)	['skʉlə‚klɔkə]
school desk	skolepult (m)	['skʉlə‚pʉlt]
chalkboard	tavle (m/f)	['tɑvlə]
grade	karakter (m)	[kɑrɑk'ter]
good grade	god karakter (m)	['gʊ kɑrɑk'ter]
bad grade	dårlig karakter (m)	['doːli kɑrɑk'ter]
to give a grade	å gi en karakter	[ɔ 'ji en kɑrɑk'ter]
mistake, error	feil (m)	['fæjl]
to make mistakes	å gjøre feil	[ɔ 'jørə ‚fæjl]
to correct (an error)	å rette	[ɔ 'rɛtə]
cheat sheet	fuskelapp (m)	['fʉskə‚lɑp]
homework	lekser (m/f pl)	['leksər]
exercise (in education)	øvelse (m)	['øvəlsə]
to be present	å være til stede	[ɔ 'værə til 'stedə]
to be absent	å være fraværende	[ɔ 'værə 'frɑ‚værənə]
to miss school	å skulke skolen	[ɔ 'skʉlkə 'skʉlən]

to punish (vt)	å straffe	[ɔ 'strafə]
punishment	straff, avstraffelse (m)	['straf], ['afˌstrafəlsə]
conduct (behavior)	oppførsel (m)	['ɔpˌfœşəl]
report card	karakterbok (m/f)	[karak'terˌbʉk]
pencil	blyant (m)	['blyˌant]
eraser	viskelær (n)	['viskəˌlær]
chalk	kritt (n)	['krit]
pencil case	pennal (n)	[pɛ'nal]
schoolbag	skoleveske (m/f)	['skʉləˌvɛskə]
pen	penn (m)	['pɛn]
school notebook	skrivebok (m/f)	['skrivəˌbʉk]
textbook	lærebok (m/f)	['lærəˌbʉk]
compasses	passer (m)	['pasər]
to make technical drawings	å tegne	[ɔ 'tæjnə]
technical drawing	teknisk tegning (m/f)	['tɛknisk ˌtæjniŋ]
poem	dikt (n)	['dikt]
by heart (adv)	utenat	['ʉtənˌat]
to learn by heart	å lære utenat	[ɔ 'lærə 'ʉtənat]
school vacation	skoleferie (m)	['skʉləˌfɛriə]
to be on vacation	å være på ferie	[ɔ 'værə pɔ 'fɛriə]
to spend one's vacation	å tilbringe ferien	[ɔ 'tilˌbriŋə 'fɛriən]
test (written math ~)	prøve (m/f)	['prøvə]
essay (composition)	essay (n)	[ɛ'sɛj]
dictation	diktat (m)	[dik'tat]
exam (examination)	eksamen (m)	[ɛk'samən]
to take an exam	å ta eksamen	[ɔ 'ta ɛk'samən]
experiment (e.g., chemistry ~)	forsøk (n)	['fɔˌşøk]

95. College. University

academy	akademi (n)	[akade'mi]
university	universitet (n)	[ʉnivæşi'tet]
faculty (e.g., ~ of Medicine)	fakultet (n)	[fakʉl'tet]
student (masc.)	student (m)	[stʉ'dɛnt]
student (fem.)	kvinnelig student (m)	['kvinəli stʉ'dɛnt]
lecturer (teacher)	lærer, foreleser (m)	['lærər], ['fʉrəˌlesər]
lecture hall, room	auditorium (n)	[ˌaʉdi'tʉrium]
graduate	alumn (m)	[a'lʉmn]
diploma	diplom (n)	[di'plʉm]

dissertation	avhandling (m/f)	['ɑvˌhɑndliŋ]
study (report)	studie (m)	['stʉdiə]
laboratory	laboratorium (n)	[lɑbʊrɑ'tɔrium]

lecture	forelesning (m)	['fɔrəˌlesniŋ]
coursemate	studiekamerat (m)	['stʉdiə kaməˌrɑt]
scholarship	stipendium (n)	[sti'pɛndium]
academic degree	akademisk grad (m)	[ɑkɑ'demisk ˌgrɑd]

96. Sciences. Disciplines

mathematics	matematikk (m)	[mɑtəmɑ'tik]
algebra	algebra (m)	['ɑlgəˌbrɑ]
geometry	geometri (m)	[geʊme'tri]

astronomy	astronomi (m)	[ɑstrʊnʊ'mi]
biology	biologi (m)	[biʊlʊ'gi]
geography	geografi (m)	[geʊgrɑ'fi]
geology	geologi (m)	[geʊlʊ'gi]
history	historie (m/f)	[hi'stʊriə]

medicine	medisin (m)	[medi'sin]
pedagogy	pedagogikk (m)	[pedɑgʊ'gik]
law	rett (m)	['rɛt]

physics	fysikk (m)	[fy'sik]
chemistry	kjemi (m)	[çe'mi]
philosophy	filosofi (m)	[filʊsʊ'fi]
psychology	psykologi (m)	[sikʊlʊ'gi]

97. Writing system. Orthography

grammar	grammatikk (m)	[grɑmɑ'tik]
vocabulary	ordforråd (n)	['uːrfʊˌrɔd]
phonetics	fonetikk (m)	[fʊne'tik]

noun	substantiv (n)	['sʉbstɑnˌtiv]
adjective	adjektiv (n)	['ɑdjɛkˌtiv]
verb	verb (n)	['værb]
adverb	adverb (n)	[ɑd'væːb]

pronoun	pronomen (n)	[prʊ'nʊmən]
interjection	interjeksjon (m)	[intɛrjɛk'ʂʊn]
preposition	preposisjon (m)	[prɛpʊsi'ʂʊn]

root	rot (m/f)	['rʊt]
ending	endelse (m)	['ɛnəlsə]
prefix	prefiks (n)	[prɛ'fiks]

syllable	stavelse (m)	['stavəlsə]
suffix	suffiks (n)	[sʉ'fiks]
stress mark	betoning (m), trykk (n)	[be'tɔniŋ], ['trʏk]
apostrophe	apostrof (m)	[apʊ'strɔf]
period, dot	punktum (n)	['pʉnktum]
comma	komma (n)	['kɔma]
semicolon	semikolon (n)	[ˌsemikʊ'lɔn]
colon	kolon (n)	['kʊlɔn]
ellipsis	tre prikker (m pl)	['tre 'prikər]
question mark	spørsmålstegn (n)	['spœṣmolsˌtæjn]
exclamation point	utropstegn (n)	['ʉtrʊpsˌtæjn]
quotation marks	anførselstegn (n pl)	[an'fœṣɛlsˌtejn]
in quotation marks	i anførselstegn	[i an'fœṣɛlsˌtejn]
parenthesis	parentes (m)	[parɛn'tes]
in parenthesis	i parentes	[i parɛn'tes]
hyphen	bindestrek (m)	['binəˌstrek]
dash	tankestrek (m)	['tankəˌstrek]
space (between words)	mellomrom (n)	['mɛlɔmˌrʊm]
letter	bokstav (m)	['bʊkstav]
capital letter	stor bokstav (m)	['stʊr 'bʊkstav]
vowel (n)	vokal (m)	[vʊ'kal]
consonant (n)	konsonant (m)	[kʊnsʊ'nant]
sentence	setning (m)	['sɛtniŋ]
subject	subjekt (n)	[sʉb'jɛkt]
predicate	predikat (n)	[prɛdi'kat]
line	linje (m)	['linjə]
on a new line	på ny linje	[pɔ ny 'linjə]
paragraph	avsnitt (n)	['afˌsnit]
word	ord (n)	['uːr]
group of words	ordgruppe (m/f)	['uːrˌgrʉpə]
expression	uttrykk (n)	['ʉtˌtrʏk]
synonym	synonym (n)	[synʊ'nym]
antonym	antonym (n)	[antʊ'nym]
rule	regel (m)	['rɛgəl]
exception	unntak (n)	['ʉnˌtak]
correct (adj)	riktig	['rikti]
conjugation	bøyning (m/f)	['bøjniŋ]
declension	bøyning (m/f)	['bøjniŋ]
nominal case	kasus (m)	['kasʉs]
question	spørsmål (n)	['spœṣˌmol]

to underline (vt)   å understreke   [ɔ 'ʉnəˌstrekə]
dotted line   prikket linje (m)   ['prikət 'linjə]

98. Foreign languages

English	Norwegian	Pronunciation
language	språk (n)	['sprɔk]
foreign (adj)	fremmed-	['fremə-]
foreign language	fremmedspråk (n)	['fremedˌsprɔk]
to study (vt)	å studere	[ɔ stʉ'derə]
to learn (language, etc.)	å lære	[ɔ 'lærə]
to read (vi, vt)	å lese	[ɔ 'lesə]
to speak (vi, vt)	å tale	[ɔ 'talə]
to understand (vt)	å forstå	[ɔ fɔ'ʂtɔ]
to write (vt)	å skrive	[ɔ 'skrivə]
fast (adv)	fort	['fuːt]
slowly (adv)	langsomt	['lɑŋsɔmt]
fluently (adv)	flytende	['flytnə]
rules	regler (m pl)	['rɛglər]
grammar	grammatikk (m)	[grɑmɑ'tik]
vocabulary	ordforråd (n)	['uːrfʉˌrɔd]
phonetics	fonetikk (m)	[fʉne'tik]
textbook	lærebok (m/f)	['læreˌbʉk]
dictionary	ordbok (m/f)	['uːrˌbʉk]
teach-yourself book	lærebok (m/f) for selvstudium	['læreˌbʉk fɔ 'selˌstʉdium]
phrasebook	parlør (m)	[pɑː'lør]
cassette, tape	kassett (m)	[kɑ'sɛt]
videotape	videokassett (m)	['videʉ kɑ'sɛt]
CD, compact disc	CD-rom (m)	['sɛdɛˌrʉm]
DVD	DVD (m)	[deve'de]
alphabet	alfabet (n)	[ɑlfɑ'bet]
to spell (vt)	å stave	[ɔ 'stɑvə]
pronunciation	uttale (m)	['ʉtˌtɑlə]
accent	aksent (m)	[ɑk'sɑŋ]
with an accent	med aksent	[me ɑk'sɑŋ]
without an accent	uten aksent	['ʉtən ɑk'sɑŋ]
word	ord (n)	['uːr]
meaning	betydning (m)	[be'tydniŋ]
course (e.g., a French ~)	kurs (n)	['kʉʂ]
to sign up	å anmelde seg	[ɔ 'ɑnˌmɛlə sæj]
teacher	lærer (m)	['lærər]

translation (process)	**oversettelse** (m)	[ˈɔvəˌsɛtəlsə]
translation (text, etc.)	**oversettelse** (m)	[ˈɔvəˌsɛtəlsə]
translator	**oversetter** (m)	[ˈɔvəˌsɛtər]
interpreter	**tolk** (m)	[ˈtɔlk]
polyglot	**polyglott** (m)	[pʊlʏˈglɔt]
memory	**minne** (n), **hukommelse** (m)	[ˈminə], [hʉˈkɔmərlsə]

Rest. Entertainment. Travel

99. Trip. Travel

tourism, travel	turisme (m)	[tʉˈrismə]
tourist	turist (m)	[tʉˈrist]
trip, voyage	reise (m/f)	[ˈræjsə]
adventure	eventyr (n)	[ˈɛvənˌtyr]
trip, journey	tripp (m)	[ˈtrip]
vacation	ferie (m)	[ˈfɛriə]
to be on vacation	å være på ferie	[ɔ ˈværə pɔ ˈfɛriə]
rest	hvile (m/f)	[ˈvilə]
train	tog (n)	[ˈtɔg]
by train	med tog	[me ˈtɔg]
airplane	fly (n)	[ˈfly]
by airplane	med fly	[me ˈfly]
by car	med bil	[me ˈbil]
by ship	med skip	[me ˈʂip]
luggage	bagasje (m)	[bɑˈgɑʂə]
suitcase	koffert (m)	[ˈkʊfɛːt]
luggage cart	bagasjetralle (m/f)	[bɑˈgɑʂəˌtrɑlə]
passport	pass (n)	[ˈpɑs]
visa	visum (n)	[ˈvisʉm]
ticket	billett (m)	[biˈlet]
air ticket	flybillett (m)	[ˈfly biˈlet]
guidebook	reisehåndbok (m/f)	[ˈræjsəˌhɔnbʊk]
map (tourist ~)	kart (n)	[ˈkɑːt]
area (rural ~)	område (n)	[ˈɔmˌroːdə]
place, site	sted (n)	[ˈsted]
exotic (adj)	eksotisk	[ɛkˈsʉtisk]
amazing (adj)	forunderlig	[fɔˈrʉndeːli]
group	gruppe (m)	[ˈgrʉpə]
excursion, sightseeing tour	utflukt (m/f)	[ˈʉtˌflʉkt]
guide (person)	guide (m)	[ˈgɑjd]

100. Hotel

hotel	hotell (n)	[hʊˈtɛl]
motel	motell (n)	[mʊˈtɛl]

three-star (~ hotel)	**trestjernet**	['treˌstjæːnə]
five-star	**femstjernet**	['fɛmˌstjæːnə]
to stay (in a hotel, etc.)	**å bo**	[ɔ 'buː]
room	**rom** (n)	['rʊm]
single room	**enkeltrom** (n)	['ɛnkeltˌrʊm]
double room	**dobbeltrom** (n)	['dɔbəltˌrʊm]
to book a room	**å reservere rom**	[ɔ rɛsɛr'verə 'rʊm]
half board	**halvpensjon** (m)	['hal panˌʂʊn]
full board	**fullpensjon** (m)	['fʉl panˌʂʊn]
with bath	**med badekar**	[me 'badəˌkar]
with shower	**med dusj**	[me 'dʉʂ]
satellite television	**satellitt-TV** (m)	[satɛ'lit 'tɛvɛ]
air-conditioner	**klimaanlegg** (n)	['klimɑ'anˌleg]
towel	**håndkle** (n)	['hɔnˌkle]
key	**nøkkel** (m)	['nøkəl]
administrator	**administrator** (m)	[admini'strɑːtʊr]
chambermaid	**stuepike** (m/f)	['stʉəˌpikə]
porter, bellboy	**pikkolo** (m)	['pikɔlɔ]
doorman	**portier** (m)	[pɔː'tje]
restaurant	**restaurant** (m)	[rɛstʉ'ran]
pub, bar	**bar** (m)	['bar]
breakfast	**frokost** (m)	['frʊkɔst]
dinner	**middag** (m)	['miˌda]
buffet	**buffet** (m)	[bʉ'fɛ]
lobby	**hall, lobby** (m)	['hal], ['lɔbi]
elevator	**heis** (m)	['hæjs]
DO NOT DISTURB	**VENNLIGST IKKE FORSTYRR!**	['vɛnligt ikə fɔ'ʂtyr]
NO SMOKING	**RØYKING FORBUDT**	['røjkiŋ fɔr'bʉt]

TECHNICAL EQUIPMENT. TRANSPORTATION

Technical equipment

101. Computer

computer	datamaskin (m)	['data maˌʂin]
notebook, laptop	bærbar, laptop (m)	['bærˌbar], ['laptɔp]
to turn on	å slå på	[ɔ 'ʂlɔ pɔ]
to turn off	å slå av	[ɔ 'ʂlɔ ɑː]
keyboard	tastatur (n)	[tasta'tʉr]
key	tast (m)	['tast]
mouse	mus (m/f)	['mʉs]
mouse pad	musematte (m/f)	['mʉseˌmate]
button	knapp (m)	['knap]
cursor	markør (m)	[mar'kør]
monitor	monitor (m)	['mɔnitɔr]
screen	skjerm (m)	['ʂærm]
hard disk	harddisk (m)	['harˌdisk]
hard disk capacity	harddiskkapasitet (m)	['harˌdisk kapasi'tet]
memory	minne (n)	['mine]
random access memory	hovedminne (n)	['hɔvedˌmine]
file	fil (m)	['fil]
folder	mappe (m/f)	['mape]
to open (vt)	å åpne	[ɔ 'ɔpne]
to close (vt)	å lukke	[ɔ 'lʉke]
to save (vt)	å lagre	[ɔ 'lagre]
to delete (vt)	å slette, å fjerne	[ɔ 'ʂlete], [ɔ 'fjæːne]
to copy (vt)	å kopiere	[ɔ kʉ'pjere]
to sort (vt)	å sortere	[ɔ sɔː'tere]
to transfer (copy)	å overføre	[ɔ 'ɔverˌføre]
program	program (n)	[prʉ'gram]
software	programvare (m/f)	[prʉ'gramˌvare]
programmer	programmerer (m)	[prʉgra'merer]
to program (vt)	å programmere	[ɔ prʉgra'mere]
hacker	hacker (m)	['haker]
password	passord (n)	['pasˌuːr]

virus	virus (m)	['virʉs]
to find, to detect	å oppdage	[ɔ 'ɔpˌdagə]
byte	byte (m)	['bɑjt]
megabyte	megabyte (m)	['megaˌbɑjt]
data	data (m pl)	['data]
database	database (m)	['dataˌbasə]
cable (USB, etc.)	kabel (m)	['kabəl]
to disconnect (vt)	å koble fra	[ɔ 'kɔblə fra]
to connect (sth to sth)	å koble	[ɔ 'kɔblə]

102. Internet. E-mail

Internet	Internett	['intəˌnɛt]
browser	nettleser (m)	['nɛtˌlesər]
search engine	søkemotor (m)	['søkəˌmotʉr]
provider	leverandør (m)	[levəran'dør]
webmaster	webmaster (m)	['vɛbˌmastər]
website	webside, hjemmeside (m/f)	['vɛbˌsidə], ['jɛməˌsidə]
webpage	nettside (m)	['nɛtˌsidə]
address (e-mail ~)	adresse (m)	[a'drɛsə]
address book	adressebok (f)	[a'drɛsəˌbʉk]
mailbox	postkasse (m/f)	['pɔstˌkasə]
mail	post (m)	['pɔst]
full (adj)	full	['fʉl]
message	melding (m/f)	['mɛliŋ]
incoming messages	innkommende meldinger	['inˌkɔmenə 'mɛliŋər]
outgoing messages	utgående meldinger	['ʉtˌgɔənə 'mɛliŋər]
sender	avsender (m)	['afˌsɛnər]
to send (vt)	å sende	[ɔ 'sɛnə]
sending (of mail)	avsending (m)	['afˌsɛniŋ]
receiver	mottaker (m)	['mɔtˌtakər]
to receive (vt)	å motta	[ɔ 'mɔta]
correspondence	korrespondanse (m)	[kʉrespɔn'dansə]
to correspond (vi)	å brevveksle	[ɔ 'bʁɛvˌvɛkslə]
file	fil (m)	['fil]
to download (vt)	å laste ned	[ɔ 'lastə 'ne]
to create (vt)	å opprette	[ɔ 'ɔpˌrɛtə]
to delete (vt)	å slette, å fjerne	[ɔ 'ʂlɛtə], [ɔ 'fjæːnə]
deleted (adj)	slettet	['ʂlɛtət]
connection (ADSL, etc.)	forbindelse (m)	[fɔr'binəlsə]

speed	hastighet (m/f)	['hɑstiˌhet]
modem	modem (n)	['mʊ'dɛm]
access	tilgang (m)	['tilˌgɑŋ]
port (e.g., input ~)	port (m)	['pɔːt]

| connection (make a ~) | tilkobling (m/f) | ['tilˌkɔbliŋ] |
| to connect to ... (vi) | å koble | [ɔ 'kɔblə] |

| to select (vt) | å velge | [ɔ 'vɛlgə] |
| to search (for ...) | å søke etter ... | [ɔ 'søkə ˌɛtər ...] |

103. Electricity

electricity	elektrisitet (m)	[ɛlektrisi'tet]
electric, electrical (adj)	elektrisk	[ɛ'lektrisk]
electric power plant	kraftverk (n)	['krɑftˌværk]
energy	energi (m)	[ɛnær'gi]
electric power	elkraft (m/f)	['ɛlˌkrɑft]

light bulb	lyspære (m/f)	['lysˌpærə]
flashlight	lommelykt (m/f)	['lʊməˌlʏkt]
street light	gatelykt (m/f)	['gɑtəˌlʏkt]

light	lys (n)	['lys]
to turn on	å slå på	[ɔ 'ʂlɔ pɔ]
to turn off	å slå av	[ɔ 'ʂlɔ ɑː]
to turn off the light	å slokke lyset	[ɔ 'ʂløkə 'lysə]

to burn out (vi)	å brenne ut	[ɔ 'brɛnə ʉt]
short circuit	kortslutning (m)	['kʊːtˌslʉtniŋ]
broken wire	kabelbrudd (n)	['kɑbəlˌbrʉd]
contact (electrical ~)	kontakt (m)	[kʊn'tɑkt]

light switch	strømbryter (m)	['strømˌbrytər]
wall socket	stikkontakt (m)	['stik kʊnˌtɑkt]
plug	støpsel (n)	['støpsəl]
extension cord	skjøteledning (m)	['ʂøtəˌledniŋ]

fuse	sikring (m)	['sikriŋ]
cable, wire	ledning (m)	['lednin]
wiring	ledningsnett (n)	['ledniŋsˌnɛt]

ampere	ampere (m)	[ɑm'pɛr]
amperage	strømstyrke (m)	['strømˌstyrkə]
volt	volt (m)	['vɔlt]
voltage	spenning (m/f)	['spɛniŋ]

electrical device	elektrisk apparat (n)	[ɛ'lektrisk ɑpɑ'rɑt]
indicator	indikator (m)	[indi'kɑtʊr]
electrician	elektriker (m)	[ɛ'lektrikər]

to solder (vt)	å lodde	[ɔ 'lɔdə]
soldering iron	loddebolt (m)	['lɔdəˌbɔlt]
electric current	strøm (m)	['strøm]

104. Tools

tool, instrument	verktøy (n)	['værkˌtøj]
tools	verktøy (n pl)	['værkˌtøj]
equipment (factory ~)	utstyr (n)	['ʉtˌstyr]

hammer	hammer (m)	['hamər]
screwdriver	skrutrekker (m)	['skrʉˌtrɛkər]
ax	øks (m/f)	['øks]

saw	sag (m/f)	['sag]
to saw (vt)	å sage	[ɔ 'sagə]
plane (tool)	høvel (m)	['høvəl]
to plane (vt)	å høvle	[ɔ 'høvlə]
soldering iron	loddebolt (m)	['lɔdəˌbɔlt]
to solder (vt)	å lodde	[ɔ 'lɔdə]

file (tool)	fil (m/f)	['fil]
carpenter pincers	knipetang (m/f)	['knipəˌtaŋ]
lineman's pliers	flattang (m/f)	['flatˌtaŋ]
chisel	hoggjern, huggjern (n)	['hʊgˌjæːŋ]

drill bit	bor (m/n)	['bʊr]
electric drill	boremaskin (m)	['bɔre maˌʂin]
to drill (vi, vt)	å bore	[ɔ 'bɔrə]

knife	kniv (m)	['kniv]
pocket knife	lommekniv (m)	['lʊməˌkniv]
folding (~ knife)	folde-	['fɔlə-]
blade	blad (n)	['bla]

sharp (blade, etc.)	skarp	['skarp]
dull, blunt (adj)	sløv	['sløv]
to get blunt (dull)	å bli sløv	[ɔ 'bli 'sløv]
to sharpen (vt)	å skjerpe, å slipe	[ɔ 'ʂɛrpə], [ɔ 'ʂlipə]

bolt	bolt (m)	['bɔlt]
nut	mutter (m)	['mʉtər]
thread (of a screw)	gjenge (n)	['jɛŋə]
wood screw	skrue (m)	['skrʉə]

| nail | spiker (m) | ['spikər] |
| nailhead | spikerhode (n) | ['spikərˌhʊdə] |

| ruler (for measuring) | linjal (m) | [li'njal] |
| tape measure | målebånd (n) | ['mɔːləˌbɔn] |

English	Norwegian	Pronunciation
spirit level	vater, vaterpass (n)	['vatər], ['vatər,pas]
magnifying glass	lupe (m/f)	['lʉpə]
measuring instrument	måleinstrument (n)	['mo:lə instrʉ'mɛnt]
to measure (vt)	å måle	[ɔ 'mo:lə]
scale	skala (m)	['skala]
(of thermometer, etc.)		
readings	avlesninger (m/f pl)	['av‚lesniŋər]
compressor	kompressor (m)	[kʊm'presʊr]
microscope	mikroskop (n)	[mikrʉ'skʊp]
pump (e.g., water ~)	pumpe (m/f)	['pʉmpə]
robot	robot (m)	['rɔbɔt]
laser	laser (m)	['lasər]
wrench	skrunøkkel (m)	['skrʉ‚nøkəl]
adhesive tape	pakketeip (m)	['pakə‚tɛjp]
glue	lim (n)	['lim]
sandpaper	sandpapir (n)	['sanpa‚pir]
spring	fjær (m/f)	['fjær]
magnet	magnet (m)	[maŋ'net]
gloves	hansker (m pl)	['hanskər]
rope	reip, rep (n)	['ræjp], ['rɛp]
cord	snor (m/f)	['snʊr]
wire (e.g., telephone ~)	ledning (m)	['lednin]
cable	kabel (m)	['kabəl]
sledgehammer	slegge (m/f)	['ʂlegə]
prybar	spett, jernspett (n)	['spɛt], ['jæ:n‚spɛt]
ladder	stige (m)	['sti:ə]
stepladder	trappstige (m/f)	['trap‚sti:ə]
to screw (tighten)	å skru fast	[ɔ 'skrʉ 'fast]
to unscrew (lid, filter, etc.)	å skru løs	[ɔ 'skrʉ ‚løs]
to tighten	å klemme	[ɔ 'klemə]
(e.g., with a clamp)		
to glue, to stick	å klistre, å lime	[ɔ 'klistrə], [ɔ 'limə]
to cut (vt)	å skjære	[ɔ 'ʂæ:rə]
malfunction (fault)	funksjonsfeil (m)	['fʉnkʂɔns‚fæjl]
repair (mending)	reparasjon (m)	[repara'ʂʊn]
to repair, to fix (vt)	å reparere	[ɔ repa'rerə]
to adjust (machine, etc.)	å justere	[ɔ jʉ'sterə]
to check (to examine)	å sjekke	[ɔ 'ʂɛkə]
checking	kontroll (m)	[kʊn'trɔl]
readings	avlesninger (m/f pl)	['av‚lesniŋər]
reliable, solid (machine)	pålitelig	[pɔ'liteli]
complex (adj)	komplisert	[kʊmpli'sɛ:t]

to rust (get rusted)	**å ruste**	[ɔ 'rʉstə]
rusty, rusted (adj)	**rusten, rustet**	['rʉstən], ['rʉstət]
rust	**rust** (m/f)	['rʉst]

Transportation

105. Airplane

airplane	**fly** (n)	['fly]
air ticket	**flybillett** (m)	['fly bi'let]
airline	**flyselskap** (n)	['flysəlˌskɑp]
airport	**flyplass** (m)	['flyˌplɑs]
supersonic (adj)	**overlyds-**	['ɔvəˌlyds-]
captain	**kaptein** (m)	[kɑp'tæjn]
crew	**besetning** (m/f)	[be'sɛtniŋ]
pilot	**pilot** (m)	[pi'lɔt]
flight attendant (fem.)	**flyvertinne** (m/f)	[flyvɛ:'tinə]
navigator	**styrmann** (m)	['styrˌmɑn]
wings	**vinger** (m pl)	['viŋər]
tail	**hale** (m)	['hɑlə]
cockpit	**cockpit, førerkabin** (m)	['kɔkpit], ['førərkɑˌbin]
engine	**motor** (m)	['mɔtʉr]
undercarriage (landing gear)	**landingshjul** (n)	['lɑniŋsjʉl]
turbine	**turbin** (m)	[tʉr'bin]
propeller	**propell** (m)	[prʉ'pɛl]
black box	**svart boks** (m)	['svɑːt bɔks]
yoke (control column)	**ratt** (n)	['rɑt]
fuel	**brensel** (n)	['brɛnsəl]
safety card	**sikkerhetsbrosjyre** (m)	['sikərhɛtsˌbrɔ'ṣyrə]
oxygen mask	**oksygenmaske** (m/f)	['ɔksygenˌmɑskə]
uniform	**uniform** (m)	[ʉni'fɔrm]
life vest	**redningsvest** (m)	['rɛdniŋsˌvɛst]
parachute	**fallskjerm** (m)	['fɑlˌṣærm]
takeoff	**start** (m)	['stɑːt]
to take off (vi)	**å løfte**	[ɔ 'lœftə]
runway	**startbane** (m)	['stɑːtˌbɑnə]
visibility	**siktbarhet** (m)	['siktbɑrˌhet]
flight (act of flying)	**flyging** (m/f)	['flygiŋ]
altitude	**høyde** (m)	['højdə]
air pocket	**lufthull** (n)	['lʉftˌhʉl]
seat	**plass** (m)	['plɑs]
headphones	**hodetelefoner** (n pl)	['hɔdəteləˌfʉnər]

folding tray (tray table)	**klappbord** (n)	['klɑpˌbʊr]
airplane window	**vindu** (n)	['vindʉ]
aisle	**midtgang** (m)	['mitˌgɑŋ]

106. Train

train	**tog** (n)	['tɔg]
commuter train	**lokaltog** (n)	[lɔ'kɑlˌtɔg]
express train	**ekspresstog** (n)	[ɛks'prɛsˌtɔg]
diesel locomotive	**diesellokomotiv** (n)	['disəl lʊkɔmɔ'tiv]
steam locomotive	**damplokomotiv** (n)	['dɑmp lʊkɔmɔ'tiv]
passenger car	**vogn** (m)	['vɔŋn]
dining car	**restaurantvogn** (m/f)	[rɛstʉ'rɑŋˌvɔŋn]
rails	**skinner** (m/f pl)	['ʂinər]
railroad	**jernbane** (m)	['jæːnˌbɑnə]
railway tie	**sville** (m/f)	['svilə]
platform (railway ~)	**perrong, plattform** (m/f)	[pɛ'rɔŋ], ['plɑtfɔrm]
track (~ 1, 2, etc.)	**spor** (n)	['spʊr]
semaphore	**semafor** (m)	[səmɑ'fʊr]
station	**stasjon** (m)	[stɑ'ʂʊn]
engineer (train driver)	**lokfører** (m)	['lʊkˌførər]
porter (of luggage)	**bærer** (m)	['bærər]
car attendant	**betjent** (m)	['be'tjɛnt]
passenger	**passasjer** (m)	[pɑsɑ'ʂɛr]
conductor (ticket inspector)	**billett inspektør** (m)	[bi'let inspɛk'tør]
corridor (in train)	**korridor** (m)	[kʊri'dɔr]
emergency brake	**nødbrems** (m)	['nødˌbrɛms]
compartment	**kupé** (m)	[kʉ'pe]
berth	**køye** (m/f)	['køjə]
upper berth	**overkøye** (m/f)	['ɔvərˌkøjə]
lower berth	**underkøye** (m/f)	['ʉnərˌkøjə]
bed linen, bedding	**sengetøy** (n)	['sɛŋəˌtøj]
ticket	**billett** (m)	[bi'let]
schedule	**rutetabell** (m)	['rʉtəˌtɑ'bɛl]
information display	**informasjonstavle** (m/f)	[infɔrmɑ'ʂʊns ˌtɑvlə]
to leave, to depart	**å avgå**	[ɔ 'ɑvgɔ]
departure (of train)	**avgang** (m)	['ɑvˌgɑŋ]
to arrive (ab. train)	**å ankomme**	[ɔ 'ɑnˌkɔmə]
arrival	**ankomst** (m)	['ɑnˌkɔmst]
to arrive by train	**å ankomme med toget**	[ɔ 'ɑnˌkɔmə me 'tɔgə]
to get on the train	**å gå på toget**	[ɔ 'gɔ pɔ 'tɔgə]

to get off the train	å gå av toget	[ɔ 'gɔ ɑ: 'tɔgə]
train wreck	togulykke (m/n)	['tɔg ʉ'lʏkə]
to derail (vi)	å spore av	[ɔ 'spʊrə ɑ:]
steam locomotive	damplokomotiv (n)	['dɑmp lʊkɔmɔ'tiv]
stoker, fireman	fyrbøter (m)	['fyr,bøtər]
firebox	fyrrom (n)	['fyr,rʊm]
coal	kull (n)	['kʉl]

107. Ship

ship	skip (n)	['ʂip]
vessel	fartøy (n)	['fɑ:,tøj]
steamship	dampskip (n)	['dɑmp,ʂip]
riverboat	elvebåt (m)	['ɛlvə,bɔt]
cruise ship	cruiseskip (n)	['krʉs,ʂip]
cruiser	krysser (m)	['krʏsər]
yacht	jakt (m/f)	['jɑkt]
tugboat	bukserbåt (m)	[bʉk'ser,bɔt]
barge	lastepram (m)	['lɑstə,prɑm]
ferry	ferje, ferge (m/f)	['færjə], ['færgə]
sailing ship	seilbåt (n)	['sæjl,bɔt]
brigantine	brigantin (m)	[brigɑn'tin]
ice breaker	isbryter (m)	['is,brytər]
submarine	ubåt (m)	['ʉ:,bɔt]
boat (flat-bottomed ~)	båt (m)	['bɔt]
dinghy	jolle (m/f)	['jɔlə]
lifeboat	livbåt (m)	['liv,bɔt]
motorboat	motorbåt (m)	['mɔtʊr,bɔt]
captain	kaptein (m)	[kɑp'tæjn]
seaman	matros (m)	[mɑ'trʊs]
sailor	sjømann (m)	['ʂø,mɑn]
crew	besetning (m/f)	[be'sɛtniŋ]
boatswain	båtsmann (m)	['bɔs,mɑn]
ship's boy	skipsgutt, jungmann (m)	['ʂips,gʉt], ['jʉŋ,mɑn]
cook	kokk (m)	['kʊk]
ship's doctor	skipslege (m)	['ʂips,legə]
deck	dekk (n)	['dɛk]
mast	mast (m/f)	['mɑst]
sail	seil (n)	['sæjl]
hold	lasterom (n)	['lɑstə,rʊm]
bow (prow)	baug (m)	['bæu]

stern	akterende (m)	[ˈɑktəˌrɛnə]
oar	åre (m)	[ˈoːrə]
screw propeller	propell (m)	[prʊˈpɛl]
cabin	hytte (m)	[ˈhʏtə]
wardroom	offisersmesse (m/f)	[ɔfiˈsɛrsˌmɛsə]
engine room	maskinrom (n)	[maˈʂinˌrʊm]
bridge	kommandobro (m/f)	[kɔˈmandʊˌbrʊ]
radio room	radiorom (m)	[ˈrɑdiʊˌrʊm]
wave (radio)	bølge (m)	[ˈbølgə]
logbook	loggbok (m/f)	[ˈlɔɡˌbʊk]
spyglass	langkikkert (m)	[ˈlaŋˌkikeːt]
bell	klokke (m/f)	[ˈklɔkə]
flag	flagg (n)	[ˈflɑɡ]
hawser (mooring ~)	trosse (m/f)	[ˈtrʊsə]
knot (bowline, etc.)	knute (m)	[ˈknʉtə]
deckrails	rekkverk (n)	[ˈrɛkˌværk]
gangway	landgang (m)	[ˈlanˌɡaŋ]
anchor	anker (n)	[ˈankər]
to weigh anchor	å lette anker	[ɔ ˈletə ˈankər]
to drop anchor	å kaste anker	[ɔ ˈkastə ˈankər]
anchor chain	ankerkjetting (m)	[ˈankərˌçetiŋ]
port (harbor)	havn (m/f)	[ˈhavn]
quay, wharf	kai (m/f)	[ˈkaj]
to berth (moor)	å fortøye	[ɔ fɔːˈtøjə]
to cast off	å kaste loss	[ɔ ˈkastə lɔs]
trip, voyage	reise (m/f)	[ˈræjsə]
cruise (sea trip)	cruise (n)	[ˈkrʉs]
course (route)	kurs (m)	[ˈkʉʂ]
route (itinerary)	rute (m/f)	[ˈrʉtə]
fairway (safe water channel)	seilrende (m)	[ˈsæjlˌrɛnə]
shallows	grunne (m/f)	[ˈɡrʉnə]
to run aground	å gå på grunn	[ɔ ˈɡɔ pɔ ˈɡrʉn]
storm	storm (m)	[ˈstɔrm]
signal	signal (n)	[siŋˈnɑl]
to sink (vi)	å synke	[ɔ ˈsʏnkə]
Man overboard!	Mann over bord!	[ˈman ˌɔvər ˈbʊr]
SOS (distress signal)	SOS (n)	[ɛsʊˈɛs]
ring buoy	livbøye (m/f)	[ˈlivˌbøjə]

108. Airport

airport	flyplass (m)	['fly͵plɑs]
airplane	fly (n)	['fly]
airline	flyselskap (n)	['flysəl͵skɑp]
air traffic controller	flygeleder (m)	['flygə͵ledər]
departure	avgang (m)	['ɑv͵gɑŋ]
arrival	ankomst (m)	['ɑn͵kɔmst]
to arrive (by plane)	å ankomme	[ɔ 'ɑn͵kɔmə]
departure time	avgangstid (m/f)	['ɑvgɑŋs͵tid]
arrival time	ankomsttid (m/f)	[ɑn'kɔms͵tid]
to be delayed	å bli forsinket	[ɔ 'bli fɔ'ʂinkət]
flight delay	avgangsforsinkelse (m)	['ɑvgɑŋs fɔ'ʂinkəlsə]
information board	informasjonstavle (m/f)	[infɔrmɑ'ʂuns ͵tɑvlə]
information	informasjon (m)	[infɔrmɑ'ʂun]
to announce (vt)	å meddele	[ɔ 'mɛd͵delə]
flight (e.g., next ~)	fly (n)	['fly]
customs	toll (m)	['tɔl]
customs officer	tollbetjent (m)	['tɔlbe͵tjɛnt]
customs declaration	tolldeklarasjon (m)	['tɔldɛklɑrɑ'ʂun]
to fill out (vt)	å utfylle	[ɔ 'ʉt͵fylə]
to fill out the declaration	å utfylle en tolldeklarasjon	[ɔ 'ʉt͵fylə en 'tɔldɛklɑrɑ͵ʂun]
passport control	passkontroll (m)	['pɑskʊn͵trɔl]
luggage	bagasje (m)	[bɑ'gɑʂə]
hand luggage	håndbagasje (m)	['hɔn͵bɑ'gɑʂə]
luggage cart	bagasjetralle (m/f)	[bɑ'gɑʂə͵trɑlə]
landing	landing (m)	['lɑniŋ]
landing strip	landingsbane (m)	['lɑniŋs͵bɑnə]
to land (vi)	å lande	[ɔ 'lɑnə]
airstairs	trapp (m/f)	['trɑp]
check-in	innsjekking (m/f)	['in͵ʂɛkiŋ]
check-in counter	innsjekkingsskranke (m)	['in͵ʂɛkiŋs ͵skrɑnkə]
to check-in (vi)	å sjekke inn	[ɔ 'ʂɛkə in]
boarding pass	boardingkort (n)	['bɔːdiŋ͵kɔːt]
departure gate	gate (m/f)	['gejt]
transit	transitt (m)	[trɑn'sit]
to wait (vt)	å vente	[ɔ 'vɛntə]
departure lounge	ventehall (m)	['vɛntə͵hɑl]
to see off	å ta avskjed	[ɔ 'tɑ 'ɑf͵ʂɛd]
to say goodbye	å si farvel	[ɔ 'si fɑr'vɛl]

Life events

109. Holidays. Event

celebration, holiday	fest (m)	['fɛst]
national day	nasjonaldag (m)	[naʂuˈnalˌda]
public holiday	festdag (m)	['fɛstˌda]
to commemorate (vt)	å feire	[ɔ 'fæjrə]
event (happening)	begivenhet (m/f)	[beˈjivenˌhet]
event (organized activity)	evenement (n)	[ɛvenəˈmaŋ]
banquet (party)	bankett (m)	[banˈkɛt]
reception (formal party)	resepsjon (m)	[resɛpˈʂʊn]
feast	fest (n)	['fɛst]
anniversary	årsdag (m)	['oːʂˌda]
jubilee	jubileum (n)	[jʉbiˈleʉm]
to celebrate (vt)	å feire	[ɔ 'fæjrə]
New Year	nytt år (n)	['nʏt ˌoːr]
Happy New Year!	Godt nytt år!	['gɔt nʏt ˌoːr]
Santa Claus	Julenissen	['jʉləˌnisən]
Christmas	Jul (m/f)	['jʉl]
Merry Christmas!	Gledelig jul!	['gledəli 'jʉl]
Christmas tree	juletre (n)	['jʉləˌtrɛ]
fireworks (fireworks show)	fyrverkeri (n)	[ˌfyrværkəˈri]
wedding	bryllup (n)	['brʏlʉp]
groom	brudgom (m)	['brʉdˌgɔm]
bride	brud (m/f)	['brʉd]
to invite (vt)	å innby, å invitere	[ɔ 'inby], [ɔ inviˈterə]
invitation card	innbydelse (m)	[inˈbydəlsə]
guest	gjest (m)	['jɛst]
to visit (~ your parents, etc.)	å besøke	[ɔ beˈsøkə]
to meet the guests	å hilse på gjestene	[ɔ 'hilsə pɔ 'jɛstenə]
gift, present	gave (m/f)	['gavə]
to give (sth as present)	å gi	[ɔ 'ji]
to receive gifts	å få gaver	[ɔ 'fɔ 'gavər]
bouquet (of flowers)	bukett (m)	[bʉˈkɛt]
congratulations	lykkønskning (m/f)	['lʏkˌønskniŋ]
to congratulate (vt)	å gratulere	[ɔ gratʉˈlerə]

greeting card	gratulasjonskort (n)	[gratʉla'ʂʊnsˌkɔːt]
to send a postcard	å sende postkort	[ɔ 'sɛnə 'pɔstˌkɔːt]
to get a postcard	å få postkort	[ɔ 'fɔ 'pɔstˌkɔːt]
toast	skål (m/f)	['skɔl]
to offer (a drink, etc.)	å tilby	[ɔ 'tilby]
champagne	champagne (m)	[ʂam'panjə]
to enjoy oneself	å more seg	[ɔ 'mʊrə sæj]
merriment (gaiety)	munterhet (m)	['mʉntərˌhet]
joy (emotion)	glede (m/f)	['gledə]
dance	dans (m)	['dɑns]
to dance (vi, vt)	å danse	[ɔ 'dɑnsə]
waltz	vals (m)	['vɑls]
tango	tango (m)	['tɑŋgʊ]

110. Funerals. Burial

cemetery	gravplass, kirkegård (m)	['grɑvˌplɑs], ['çirkəˌgɔːr]
grave, tomb	grav (m)	['grɑv]
cross	kors (n)	['kɔːʂ]
gravestone	gravstein (m)	['grɑfˌstæjn]
fence	gjerde (n)	['jærə]
chapel	kapell (n)	[kɑ'pɛl]
death	død (m)	['dø]
to die (vi)	å dø	[ɔ 'dø]
the deceased	den avdøde	[den 'ɑvˌdødə]
mourning	sorg (m/f)	['sɔr]
to bury (vt)	å begrave	[ɔ be'grɑvə]
funeral home	begravelsesbyrå (n)	[be'grɑvəlsəs byˌro]
funeral	begravelse (m)	[be'grɑvəlsə]
wreath	krans (m)	['krɑns]
casket, coffin	likkiste (m/f)	['likˌçistə]
hearse	likbil (m)	['likˌbil]
shroud	likklede (n)	['likˌkledə]
funeral procession	gravfølge (n)	['grɑvˌfølgə]
funerary urn	askeurne (m/f)	['ɑskəˌʉːŋə]
crematory	krematorium (n)	[krɛmɑ'tʊrium]
obituary	nekrolog (m)	[nekrʊ'lɔg]
to cry (weep)	å gråte	[ɔ 'groːtə]
to sob (vi)	å hulke	[ɔ 'hʉlkə]

111. War. Soldiers

platoon	tropp (m)	['trɔp]
company	kompani (n)	[kʊmpɑ'ni]
regiment	regiment (n)	[rɛgi'mɛnt]
army	hær (m)	['hær]
division	divisjon (m)	[divi'ʂʊn]

section, squad	tropp (m)	['trɔp]
host (army)	hær (m)	['hær]

soldier	soldat (m)	[sʊl'dɑt]
officer	offiser (m)	[ɔfi'sɛr]

private	menig (m)	['meni]
sergeant	sersjant (m)	[sær'ʂɑnt]
lieutenant	løytnant (m)	['løjt‚nɑnt]
captain	kaptein (m)	[kɑp'tæjn]
major	major (m)	[mɑ'jɔr]
colonel	oberst (m)	['ʊbɛʂt]
general	general (m)	[gene'rɑl]

sailor	sjømann (m)	['ʂø‚mɑn]
captain	kaptein (m)	[kɑp'tæjn]
boatswain	båtsmann (m)	['bɔs‚mɑn]

artilleryman	artillerist (m)	[‚ɑːtile'rist]
paratrooper	fallskjermjeger (m)	['fɑl‚ʂærm 'jɛːgər]
pilot	flyger, flyver (m)	['flygər], ['flyvər]
navigator	styrmann (m)	['styr‚mɑn]
mechanic	mekaniker (m)	[me'kɑnikər]

pioneer (sapper)	pioner (m)	[piʊ'ner]
parachutist	fallskjermhopper (m)	['fɑl‚ʂærm 'hɔpər]
reconnaissance scout	oppklaringssoldat (m)	['ɔp‚klɑriŋ sʊl'dɑt]
sniper	skarpskytte (m)	['skɑrp‚ʂʏtə]

patrol (group)	patrulje (m)	[pɑ'trʉlje]
to patrol (vt)	å patruljere	[ɔ pɑtrʉ'ljerə]
sentry, guard	vakt (m)	['vɑkt]

warrior	kriger (m)	['krigər]
hero	helt (m)	['hɛlt]
heroine	heltinne (m)	['hɛlt‚inə]
patriot	patriot (m)	[pɑtri'ɔt]

traitor	forræder (m)	[fɔ'rædər]
to betray (vt)	å forråde	[ɔ fɔ'rɔːdə]
deserter	desertør (m)	[desæː'tør]
to desert (vi)	å desertere	[ɔ desæː'terə]
mercenary	leiesoldat (m)	['læjesʊl‚dɑt]

| recruit | rekrutt (m) | [re'krʉt] |
| volunteer | frivillig (m) | ['fri͵vili] |

dead (n)	drept (m)	['drɛpt]
wounded (n)	såret (m)	['soːrə]
prisoner of war	fange (m)	['faŋə]

112. War. Military actions. Part 1

war	krig (m)	['krig]
to be at war	å være i krig	[ɔ 'værə i ͵krig]
civil war	borgerkrig (m)	['bɔrgər͵krig]

treacherously (adv)	lumsk, forræderisk	['lʉmsk], [fɔ'rædərisk]
declaration of war	krigserklæring (m)	['krigs ær͵klæriŋ]
to declare (~ war)	å erklære	[ɔ ær'klærə]
aggression	aggresjon (m)	[agre'ʂʉn]
to attack (invade)	å angripe	[ɔ 'an͵gripə]

to invade (vt)	å invadere	[ɔ inva'derə]
invader	angriper (m)	['an͵gripər]
conqueror	erobrer (m)	[ɛ'rʉbrər]

defense	forsvar (n)	['fʉ͵svar]
to defend (a country, etc.)	å forsvare	[ɔ fɔ'ʂvarə]
to defend (against ...)	å forsvare seg	[ɔ fɔ'ʂvarə sæj]

enemy	fiende (m)	['fiɛndə]
foe, adversary	motstander (m)	['mʉt͵stanər]
enemy (as adj)	fiendtlig	['fjɛntli]

| strategy | strategi (m) | [strate'gi] |
| tactics | taktikk (m) | [tak'tik] |

order	ordre (m)	['ɔrdrə]
command (order)	ordre, kommando (m/f)	['ɔrdrə], ['kʉ'mandʉ]
to order (vt)	å beordre	[ɔ be'ɔrdrə]
mission	oppdrag (m)	['ɔpdrag]
secret (adj)	hemmelig	['hɛməli]

battle	batalje (m)	[ba'taljə]
battle	slag (n)	['ʂlag]
combat	kamp (m)	['kamp]

attack	angrep (n)	['an͵grɛp]
charge (assault)	storm (m)	['stɔrm]
to storm (vt)	å storme	[ɔ 'stɔrmə]
siege (to be under ~)	beleiring (m/f)	[be'læjriŋ]
offensive (n)	offensiv (m), angrep (n)	['ɔfen͵sif], ['an͵grɛp]
to go on the offensive	å angripe	[ɔ 'an͵gripə]

| retreat | retrett (m) | [rɛ'trɛt] |
| to retreat (vi) | å retirere | [ɔ reti'rerə] |

| encirclement | omringing (m/f) | ['ɔm‚riniŋ] |
| to encircle (vt) | å omringe | [ɔ 'ɔm‚riŋə] |

bombing (by aircraft)	bombing (m/f)	['bʊmbiŋ]
to drop a bomb	å slippe bombe	[ɔ 'ʂlipə 'bʊmbə]
to bomb (vt)	å bombardere	[ɔ bʊmbɑː'd̦erə]
explosion	eksplosjon (m)	[ɛksplʊ'ʂʊn]

shot	skudd (n)	['skʉd]
to fire (~ a shot)	å skyte av	[ɔ 'ʂytə ɑː]
firing (burst of ~)	skytning (m/f)	['ʂytniŋ]

to aim (to point a weapon)	å sikte på ...	[ɔ 'siktə pɔ ...]
to point (a gun)	å rette	[ɔ 'rɛtə]
to hit (the target)	å treffe	[ɔ 'trɛfə]

to sink (~ a ship)	å senke	[ɔ 'sɛnkə]
hole (in a ship)	hull (n)	['hʉl]
to founder, to sink (vi)	å synke	[ɔ 'sʏnkə]

front (war ~)	front (m)	['frɔnt]
evacuation	evakuering (m/f)	[ɛvɑkʉ'eriŋ]
to evacuate (vt)	å evakuere	[ɔ ɛvɑkʉ'erə]

trench	skyttergrav (m)	['ʂytə‚grɑv]
barbwire	piggtråd (m)	['pig‚trɔd]
barrier (anti tank ~)	hinder (n), sperring (m/f)	['hindər], ['spɛriŋ]
watchtower	vakttårn (n)	['vɑkt‚tɔːn]

military hospital	militærsykehus (n)	[mili'tær‚sykə'hʉs]
to wound (vt)	å såre	[ɔ 'soːrə]
wound	sår (n)	['sɔr]
wounded (n)	såret (n)	['soːrə]
to be wounded	å bli såret	[ɔ 'bli 'soːrət]
serious (wound)	alvorlig	[ɑl'vɔːli]

113. War. Military actions. Part 2

captivity	fangeskap (n)	['faŋə‚skɑp]
to take captive	å ta til fange	[ɔ 'tɑ til 'faŋə]
to be held captive	å være i fangeskap	[ɔ 'værə i 'faŋə‚skɑp]
to be taken captive	å bli tatt til fange	[ɔ 'bli tɑt til 'faŋə]

concentration camp	konsentrasjonsleir (m)	[kʊnsentrɑ'ʂʊns‚læjr]
prisoner of war	fange (m)	['faŋə]
to escape (vi)	å flykte	[ɔ 'flʏktə]
to betray (vt)	å forråde	[ɔ fɔ'rɔːdə]

| betrayer | forræder (m) | [fo'rædər] |
| betrayal | forræderi (n) | [fɔrædə'ri] |

| to execute (by firing squad) | å henrette ved skyting | [ɔ 'hɛn‚rɛtə ve 'ʂytiŋ] |
| execution (by firing squad) | skyting (m/f) | ['ʂytiŋ] |

equipment (military gear)	mundering (m/f)	[mʉn'dɛriŋ]
shoulder board	skulderklaff (m)	['skʉldər‚klaf]
gas mask	gassmaske (m/f)	['gas‚maskə]

field radio	feltradio (m)	['fɛlt‚radiʉ]
cipher, code	chiffer (n)	['ʂifər]
secrecy	hemmeligholdelse (m)	['hɛməli‚hɔləlsə]
password	passord (n)	['pas‚uːr]

land mine	mine (m/f)	['minə]
to mine (road, etc.)	å minelegge	[ɔ 'minə‚legə]
minefield	minefelt (n)	['minə‚fɛlt]

air-raid warning	flyalarm (m)	['fly a'lɑrm]
alarm (alert signal)	alarm (m)	[a'lɑrm]
signal	signal (n)	[siŋ'nal]
signal flare	signalrakett (m)	[siŋ'nal ra'kɛt]

headquarters	stab (m)	['stɑb]
reconnaissance	oppklaring (m/f)	['ɔp‚klariŋ]
situation	situasjon (m)	[sitʉa'ʂʉn]
report	rapport (m)	[ra'pɔːt]
ambush	bakhold (n)	['bak‚hɔl]
reinforcement (of army)	forsterkning (m/f)	[fɔ'ʂtærkniŋ]

target	mål (n)	['mol]
proving ground	skytefelt (n)	['ʂytə‚fɛlt]
military exercise	manøverer (m pl)	[ma'nøvər]

panic	panikk (m)	[pa'nik]
devastation	ødeleggelse (m)	['ødə‚legəlsə]
destruction, ruins	ruiner (m pl)	[rʉ'inər]
to destroy (vt)	å ødelegge	[ɔ 'ødə‚legə]

to survive (vi, vt)	å overleve	[ɔ 'ɔvə‚levə]
to disarm (vt)	å avvæpne	[ɔ 'av‚væpnə]
to handle (~ a gun)	å handtere	[ɔ han'terə]

| Attention! | Rett! | Gi-akt! | ['rɛt], ['jiː'akt] |
| At ease! | Hvil! | ['vil] |

act of courage	bedrift (m)	[be'drift]
oath (vow)	ed (m)	['ɛd]
to swear (an oath)	å sverge	[ɔ 'sværgə]
decoration (medal, etc.)	belønning (m/f)	[be'lœniŋ]

to award (give medal to)	å belønne	[ɔ beˈlœnə]
medal	medalje (m)	[meˈdaljə]
order (e.g., ~ of Merit)	orden (m)	[ˈɔrdən]
victory	seier (m)	[ˈsæjər]
defeat	nederlag (n)	[ˈnedəˌlɑg]
armistice	våpenhvile (m)	[ˈvɔpənˌvilə]
standard (battle flag)	fane (m)	[ˈfɑnə]
glory (honor, fame)	berømmelse (m)	[beˈrœməlsə]
parade	parade (m)	[pɑˈrɑdə]
to march (on parade)	å marsjere	[ɔ mɑˈʂerə]

114. Weapons

weapons	våpen (n)	[ˈvɔpən]
firearms	skytevåpen (n)	[ˈʂytəˌvɔpən]
cold weapons (knives, etc.)	blankvåpen (n)	[ˈblɑŋkˌvɔpən]
chemical weapons	kjemisk våpen (n)	[ˈçemisk ˌvɔpən]
nuclear (adj)	kjerne-	[ˈçæːŋə-]
nuclear weapons	kjernevåpen (n)	[ˈçæːŋəˌvɔpən]
bomb	bombe (m)	[ˈbʊmbə]
atomic bomb	atombombe (m)	[ɑˈtʊmˌbʊmbə]
pistol (gun)	pistol (m)	[piˈstʊl]
rifle	gevær (n)	[geˈvær]
submachine gun	maskinpistol (m)	[mɑˈʂin piˌstʊl]
machine gun	maskingevær (n)	[mɑˈʂin geˌvær]
muzzle	munning (m)	[ˈmʉniŋ]
barrel	løp (n)	[ˈløp]
caliber	kaliber (m/n)	[kɑˈlibər]
trigger	avtrekker (m)	[ˈɑvˌtrɛkər]
sight (aiming device)	sikte (n)	[ˈsiktə]
magazine	magasin (n)	[mɑgɑˈsin]
butt (shoulder stock)	kolbe (m)	[ˈkɔlbə]
hand grenade	håndgranat (m)	[ˈhɔnˌgrɑˈnɑt]
explosive	sprengstoff (n)	[ˈsprɛŋˌstɔf]
bullet	kule (m/f)	[ˈkʉːlə]
cartridge	patron (m)	[pɑˈtrʊn]
charge	ladning (m)	[ˈlɑdniŋ]
ammunition	ammunisjon (m)	[ɑmʉniˈʂʊn]
bomber (aircraft)	bombefly (n)	[ˈbʊmbəˌfly]
fighter	jagerfly (n)	[ˈjɑgərˌfly]

helicopter	helikopter (n)	[heli'kɔptər]
anti-aircraft gun	luftvernkanon (m)	['lʉftvɛːɳ ka'nʊn]
tank	stridsvogn (m/f)	['strids͵vɔŋn]
tank gun	kanon (m)	[ka'nʊn]

artillery	artilleri (n)	[ˌɑːtile'ri]
gun (cannon, howitzer)	kanon (m)	[ka'nʊn]
to lay (a gun)	å rette	[ɔ 'rɛtə]

shell (projectile)	projektil (m)	[prʊek'til]
mortar bomb	granat (m/f)	[gra'nat]
mortar	granatkaster (m)	[gra'nat͵kastər]
splinter (shell fragment)	splint (m)	['splint]

submarine	ubåt (m)	['ʉːˌbɔt]
torpedo	torpedo (m)	[tʊr'pedʊ]
missile	rakett (m)	[ra'kɛt]

to load (gun)	å lade	[ɔ 'ladə]
to shoot (vi)	å skyte	[ɔ 'ʂytə]
to point at (the cannon)	å sikte på ...	[ɔ 'siktə pɔ ...]
bayonet	bajonett (m)	[bɑjo'nɛt]

rapier	kårde (m)	['koːrdə]
saber (e.g., cavalry ~)	sabel (m)	['sabəl]
spear (weapon)	spyd (n)	['spyd]
bow	bue (m)	['bʉːə]
arrow	pil (m/f)	['pil]
musket	muskett (m)	[mʉ'skɛt]
crossbow	armbrøst (m)	['armˌbrøst]

115. Ancient people

primitive (prehistoric)	ur-	['ʉr-]
prehistoric (adj)	forhistorisk	['fɔrhiˌstʊrisk]
ancient (~ civilization)	oldtidens, antikkens	['ɔlˌtidəns], [an'tikəns]

Stone Age	Steinalderen	['stæjnˌalderən]
Bronze Age	bronsealder (m)	['brɔnsəˌaldər]
Ice Age	istid (m/f)	['isˌtid]

tribe	stamme (m)	['stamə]
cannibal	kannibal (m)	[kani'bal]
hunter	jeger (m)	['jɛːgər]
to hunt (vi, vt)	å jage	[ɔ 'jagə]
mammoth	mammut (m)	['mamʉt]

cave	grotte (m/f)	['grɔtə]
fire	ild (m)	['il]
campfire	bål (n)	['bɔl]

cave painting	helleristning (m/f)	['hɛləˌristniŋ]
tool (e.g., stone ax)	redskap (m/n)	['rɛdˌskɑp]
spear	spyd (n)	['spyd]
stone ax	steinøks (m/f)	['stæjnˌøks]
to be at war	å være i krig	[ɔ 'væːrə i ˌkriɡ]
to domesticate (vt)	å temme	[ɔ 'tɛmə]
idol	idol (n)	[i'dʊl]
to worship (vt)	å dyrke	[ɔ 'dyrkə]
superstition	overtro (m)	['ɔvəˌtrʊ]
rite	ritual (n)	[ritʉ'ɑl]
evolution	evolusjon (m)	[ɛvɔlʉ'ʂʊn]
development	utvikling (m/f)	['ʉtˌvikliŋ]
disappearance (extinction)	forsvinning (m/f)	[fɔ'ʂviniŋ]
to adapt oneself	å tilpasse seg	[ɔ 'tilˌpɑsə sæj]
archeology	arkeologi (m)	[ˌɑrkeʊlʊ'gi]
archeologist	arkeolog (m)	[ˌɑrkeʊ'lɔg]
archeological (adj)	arkeologisk	[ˌɑrkeʊ'lɔgisk]
excavation site	utgravingssted (n)	['ʉtˌgrɑviŋs ˌsted]
excavations	utgravinger (m/f pl)	['ʉtˌgrɑviŋər]
find (object)	funn (n)	['fʉn]
fragment	fragment (n)	[frɑg'mɛnt]

116. Middle Ages

people (ethnic group)	folk (n)	['fɔlk]
peoples	folk (n pl)	['fɔlk]
tribe	stamme (m)	['stɑmə]
tribes	stammer (m pl)	['stɑmər]
barbarians	barbarer (m pl)	[bɑr'bɑrər]
Gauls	gallere (m pl)	['gɑlerə]
Goths	gotere (m pl)	['gɔterə]
Slavs	slavere (m pl)	['slɑvɛrə]
Vikings	vikinger (m pl)	['vikiŋər]
Romans	romere (m pl)	['rʊmerə]
Roman (adj)	romersk	['rʊmæʂk]
Byzantines	bysantiner (m pl)	[bysɑn'tinər]
Byzantium	Bysants	[by'sɑnts]
Byzantine (adj)	bysantinsk	[bysɑn'tinsk]
emperor	keiser (m)	['kæjsər]
leader, chief (tribal ~)	høvding (m)	['høvdiŋ]
powerful (~ king)	mektig	['mɛkti]
king	konge (m)	['kʊŋə]

English	Norwegian	IPA
ruler (sovereign)	hersker (m)	['hæʂkər]
knight	ridder (m)	['ridər]
feudal lord	føydalherre (m)	['føjdɑlˌhɛrə]
feudal (adj)	føydal	['føjdɑl]
vassal	vasall (m)	[vɑ'sɑl]
duke	hertug (m)	['hæːtʉg]
earl	greve (m)	['grevə]
baron	baron (m)	[bɑ'rʉn]
bishop	biskop (m)	['biskɔp]
armor	rustning (m/f)	['rʉstniŋ]
shield	skjold (n)	['ʂɔl]
sword	sverd (n)	['svæɹd]
visor	visir (n)	[vi'sir]
chainmail	ringbrynje (m/f)	['riŋˌbrynje]
Crusade	korstog (n)	['kɔːʂˌtɔg]
crusader	korsfarer (m)	['kɔːʂˌfɑrər]
territory	territorium (n)	[tɛri'tʉrium]
to attack (invade)	å angripe	[ɔ 'ɑnˌgripə]
to conquer (vt)	å erobre	[ɔ ɛ'rʉbrə]
to occupy (invade)	å okkupere	[ɔ ɔkʉ'perə]
siege (to be under ~)	beleiring (m/f)	[be'læjriŋ]
besieged (adj)	beleiret	[be'læjrət]
to besiege (vt)	å beleire	[ɔ be'læjre]
inquisition	inkvisisjon (m)	[inkvisi'ʂʉn]
inquisitor	inkvisitor (m)	[inkvi'sitʉr]
torture	tortur (m)	[tɔː'tʉr]
cruel (adj)	brutal	[brʉ'tɑl]
heretic	kjetter (m)	['çɛtər]
heresy	kjetteri (n)	[çɛtə'ri]
seafaring	sjøfart (m)	['ʂøˌfɑːt]
pirate	pirat, sjørøver (m)	[pi'rɑt], ['ʂøˌrøvər]
piracy	sjørøveri (n)	['ʂø røvɛ'ri]
boarding (attack)	entring (m/f)	['ɛntriŋ]
loot, booty	bytte (n)	['bytə]
treasures	skatter (m pl)	['skɑtər]
discovery	oppdagelse (m)	['ɔpˌdɑgəlsə]
to discover (new land, etc.)	å oppdage	[ɔ 'ɔpˌdɑge]
expedition	ekspedisjon (m)	[ɛkspedi'ʂʉn]
musketeer	musketer (m)	[mʉskə'ter]
cardinal	kardinal (m)	[kɑːɖi'nɑl]
heraldry	heraldikk (m)	[herɑl'dik]
heraldic (adj)	heraldisk	[he'rɑldisk]

117. Leader. Chief. Authorities

king	**konge** (m)	['kʊŋə]
queen	**dronning** (m/f)	['drɔniŋ]
royal (adj)	**kongelig**	['kʊŋəli]
kingdom	**kongerike** (n)	['kʊŋə‚rikə]
prince	**prins** (m)	['prins]
princess	**prinsesse** (m/f)	[prin'sɛsə]
president	**president** (m)	[prɛsi'dɛnt]
vice-president	**visepresident** (m)	['visə prɛsi'dɛnt]
senator	**senator** (m)	[se'natʊr]
monarch	**monark** (m)	[mʊ'nɑrk]
ruler (sovereign)	**hersker** (m)	['hæʂkər]
dictator	**diktator** (m)	[dik'tatʊr]
tyrant	**tyrann** (m)	[ty'rɑn]
magnate	**magnat** (m)	[mɑŋ'nɑt]
director	**direktør** (m)	[dirɛk'tør]
chief	**sjef** (m)	['ʂɛf]
manager (director)	**forstander** (m)	[fɔ'ʂtɑndər]
boss	**boss** (m)	['bɔs]
owner	**eier** (m)	['æjər]
leader	**leder** (m)	['ledər]
head (~ of delegation)	**leder** (m)	['ledər]
authorities	**myndigheter** (m pl)	['myndi‚hetər]
superiors	**overordnede** (pl)	['ɔvər‚ɔrdnedə]
governor	**guvernør** (m)	[gʉver'nør]
consul	**konsul** (m)	['kʊn‚sʉl]
diplomat	**diplomat** (m)	[diplʊ'mɑt]
mayor	**borgermester** (m)	[bɔrgər'mɛstər]
sheriff	**sheriff** (m)	[ʂɛ'rif]
emperor	**keiser** (m)	['kæjsər]
tsar, czar	**tsar** (m)	['tsɑr]
pharaoh	**farao** (m)	['fɑrɑu]
khan	**khan** (m)	['kɑn]

118. Breaking the law. Criminals. Part 1

bandit	**banditt** (m)	[bɑn'dit]
crime	**forbrytelse** (m)	[fɔr'brytəlsə]
criminal (person)	**forbryter** (m)	[fɔr'brytər]
thief	**tyv** (m)	['tyv]
to steal (vi, vt)	**å stjele**	[ɔ 'stjelə]

English	Norwegian	IPA
to kidnap (vt)	å kidnappe	[ɔ 'kidˌnɛpə]
kidnapping	kidnapping (m)	['kidˌnɛpiŋ]
kidnapper	kidnapper (m)	['kidˌnɛpər]
ransom	løsepenger (m pl)	['løsəˌpɛŋər]
to demand ransom	å kreve løsepenger	[ɔ 'krevə 'løsəˌpɛŋər]
to rob (vt)	å rane	[ɔ 'ranə]
robbery	ran (n)	['ran]
robber	raner (m)	['ranər]
to extort (vt)	å presse ut	[ɔ 'prɛsə ʉt]
extortionist	utpresser (m)	['ʉtˌprɛsər]
extortion	utpressing (m/f)	['ʉtˌprɛsiŋ]
to murder, to kill	å myrde	[ɔ 'mʏːdə]
murder	mord (n)	['mʊr]
murderer	morder (m)	['mʊrdər]
gunshot	skudd (n)	['skʉd]
to fire (~ a shot)	å skyte av	[ɔ 'ʂytə ɑː]
to shoot to death	å skyte ned	[ɔ 'ʂytə ne]
to shoot (vi)	å skyte	[ɔ 'ʂytə]
shooting	skyting, skytning (m/f)	['ʂytiŋ], ['ʂytniŋ]
incident (fight, etc.)	hendelse (m)	['hɛndəlsə]
fight, brawl	slagsmål (n)	['ʂlaksˌmol]
Help!	Hjelp!	['jɛlp]
victim	offer (n)	['ɔfər]
to damage (vt)	å skade	[ɔ 'skadə]
damage	skade (m)	['skadə]
dead body, corpse	lik (n)	['lik]
grave (~ crime)	alvorlig	[alˈvɔːli]
to attack (vt)	å anfalle	[ɔ 'anˌfalə]
to beat (to hit)	å slå	[ɔ 'ʂlo]
to beat up	å klå opp	[ɔ 'klo ɔp]
to take (rob of sth)	å berøve	[ɔ beˈrøvə]
to stab to death	å stikke i hjel	[ɔ 'stikə i 'jel]
to maim (vt)	å lemleste	[ɔ 'lemˌlestə]
to wound (vt)	å såre	[ɔ 'soːrə]
blackmail	utpressing (m/f)	['ʉtˌprɛsiŋ]
to blackmail (vt)	å utpresse	[ɔ 'ʉtˌprɛsə]
blackmailer	utpresser (m)	['ʉtˌprɛsər]
protection racket	utpressing (m/f)	['ʉtˌprɛsiŋ]
racketeer	utpresser (m)	['ʉtˌprɛsər]
gangster	gangster (m)	['gɛŋstər]
mafia, Mob	mafia (m)	['mafia]
pickpocket	lommetyv (m)	['lʊməˌtyv]

burglar	innbruddstyv (m)	['inbrʉds,tyv]
smuggling	smugling (m/f)	['smʉgliŋ]
smuggler	smugler (m)	['smʉglər]

forgery	forfalskning (m/f)	[fɔr'falskniŋ]
to forge (counterfeit)	å forfalske	[ɔ fɔr'falskə]
fake (forged)	falsk	['falsk]

119. Breaking the law. Criminals. Part 2

rape	voldtekt (m)	['vɔl,tɛkt]
to rape (vt)	å voldta	[ɔ 'vɔl,ta]
rapist	voldtektsmann (m)	['vɔl,tɛkts man]
maniac	maniker (m)	['manikər]

prostitute (fem.)	prostituert (m)	[prʊstitʉ'e:t]
prostitution	prostitusjon (m)	[prʊstitʉ'ʂʊn]
pimp	hallik (m)	['halik]

| drug addict | narkoman (m) | [narkʊ'man] |
| drug dealer | narkolanger (m) | ['narkɔ,laŋər] |

to blow up (bomb)	å sprenge	[ɔ 'sprɛŋə]
explosion	eksplosjon (m)	[ɛksplʉ'ʂʊn]
to set fire	å sette fyr	[ɔ 'sɛtə ,fyr]
arsonist	brannstifter (m)	['bran,stiftər]

terrorism	terrorisme (m)	[tɛrʊ'rismə]
terrorist	terrorist (m)	[tɛrʊ'rist]
hostage	gissel (m)	['jisəl]

to swindle (deceive)	å bedra	[ɔ be'dra]
swindle, deception	bedrag (n)	[be'drag]
swindler	bedrager, svindler (m)	[be'dragər], ['svindlər]

to bribe (vt)	å bestikke	[ɔ be'stikə]
bribery	bestikkelse (m)	[be'stikəlsə]
bribe	bestikkelse (m)	[be'stikəlsə]

poison	gift (m/f)	['jift]
to poison (vt)	å forgifte	[ɔ fɔr'jiftə]
to poison oneself	å forgifte seg selv	[ɔ fɔr'jiftə sæj sɛl]

| suicide (act) | selvmord (n) | ['sɛl,mʊr] |
| suicide (person) | selvmorder (m) | ['sɛl,mʊrdər] |

to threaten (vt)	å true	[ɔ 'trʉə]
threat	trussel (m)	['trʉsəl]
to make an attempt	å begå mordforsøk	[ɔ be'gɔ 'mʊrdfɔ,søk]
attempt (attack)	mordforsøk (n)	['mʊrdfɔ,søk]

| to steal (a car) | å stjele | [ɔ 'stjelə] |
| to hijack (a plane) | å kapre | [ɔ 'kaprə] |

| revenge | hevn (m) | ['hɛvn] |
| to avenge (get revenge) | å hevne | [ɔ 'hɛvnə] |

to torture (vt)	å torturere	[ɔ tɔːtʉ'rerə]
torture	tortur (m)	[tɔː'tʉr]
to torment (vt)	å plage	[ɔ 'plagə]

pirate	pirat, sjørøver (m)	['pi'rat], ['sø,røver]
hooligan	bølle (m)	['bølə]
armed (adj)	bevæpnet	[be'væpnət]
violence	vold (m)	['vɔl]
illegal (unlawful)	illegal	['ile,gal]

| spying (espionage) | spionasje (m) | [spiʉ'naşə] |
| to spy (vi) | å spionere | [ɔ spiʉ'nerə] |

120. Police. Law. Part 1

| justice | justis (m), rettspleie (m/f) | ['jʉ'stis], ['rɛts,plæje] |
| court (see you in ~) | rettssal (m) | ['rɛts,sal] |

judge	dommer (m)	['dɔmər]
jurors	lagrettemedlemmer (n pl)	['lag,rɛtə medle'mer]
jury trial	lagrette, juryordning (m)	['lag,rɛtə], ['jʉri,ɔrdniŋ]
to judge (vt)	å dømme	[ɔ 'dœmə]

lawyer, attorney	advokat (m)	[advʉ'kat]
defendant	anklaget (m)	['an,klaget]
dock	anklagebenk (m)	[an'klagə,bɛnk]

| charge | anklage (m) | ['an,klagə] |
| accused | anklagede (m) | ['an,klagedə] |

| sentence | dom (m) | ['dɔm] |
| to sentence (vt) | å dømme | [ɔ 'dœmə] |

guilty (culprit)	skyldige (m)	['şyldiə]
to punish (vt)	å straffe	[ɔ 'strafə]
punishment	straff, avstraffelse (m)	['straf], ['af,strafəlsə]

fine (penalty)	bot (m/f)	['bʉt]
life imprisonment	livsvarig fengsel (n)	['lifs,vari 'fɛŋsəl]
death penalty	dødsstraff (m/f)	['død,straf]
electric chair	elektrisk stol (m)	[ɛ'lektrisk ,stʉl]
gallows	galge (m)	['galgə]
to execute (vt)	å henrette	[ɔ 'hɛn,rɛtə]
execution	henrettelse (m)	['hɛn,rɛtəlsə]

| prison, jail | fengsel (n) | ['fɛŋsəl] |
| cell | celle (m) | ['sɛlə] |

escort	eskorte (m)	[ɛsˈkɔːtə]
prison guard	fangevokter (m)	['faŋəˌvɔktər]
prisoner	fange (m)	['faŋə]

| handcuffs | håndjern (n pl) | ['hɔnˌjæːn] |
| to handcuff (vt) | å sette håndjern | [ɔ 'sɛtə 'hɔnˌjæːn] |

prison break	flykt (m/f)	['flʏkt]
to break out (vi)	å flykte, å rømme	[ɔ 'flʏktə], [ɔ 'rœmə]
to disappear (vi)	å forsvinne	[ɔ fɔ'şvinə]
to release (from prison)	å løslate	[ɔ 'løsˌlatə]
amnesty	amnesti (m)	[amnɛ'sti]

police	politi (n)	[pʊli'ti]
police officer	politi (m)	[pʊli'ti]
police station	politistasjon (m)	[pʊli'tiˌsta'şʊn]
billy club	gummikølle (m/f)	['gʉmiˌkølə]
bullhorn	megafon (m)	[mega'fʊn]

patrol car	patruljebil (m)	[pa'trʉljəˌbil]
siren	sirene (m/f)	[si'renə]
to turn on the siren	å slå på sirenen	[ɔ 'şlɔ pɔ si'renən]
siren call	sirene hyl (n)	[si'renə ˌhyl]

crime scene	åsted (n)	['ɔsted]
witness	vitne (n)	['vitnə]
freedom	frihet (m)	['friˌhet]
accomplice	medskyldig (m)	['mɛˌsyldi]
to flee (vi)	å flykte	[ɔ 'flʏktə]
trace (to leave a ~)	spor (n)	['spʊr]

121. Police. Law. Part 2

search (investigation)	ettersøking (m/f)	['ɛtəˌsøkiŋ]
to look for ...	å søke etter ...	[ɔ 'søkə ˌɛtər ...]
suspicion	mistanke (m)	['misˌtankə]
suspicious (e.g., ~ vehicle)	mistenkelig	[mis'tɛnkəli]
to stop (cause to halt)	å stoppe	[ɔ 'stɔpə]
to detain (keep in custody)	å anholde	[ɔ 'anˌhɔlə]

case (lawsuit)	sak (m/f)	['sak]
investigation	etterforskning (m/f)	['ɛtərˌfɔşkniŋ]
detective	detektiv (m)	[detɛk'tiv]
investigator	etterforsker (m)	['ɛtərˌfɔşkər]
hypothesis	versjon (m)	[væ'şʊn]
motive	motiv (n)	[mʊ'tiv]
interrogation	forhør (n)	[fɔr'hør]

to interrogate (vt)	å forhøre	[ɔ fɔr'hørə]
to question	å avhøre	[ɔ 'avˌhørə]
(~ neighbors, etc.)		
check (identity ~)	sjekking (m/f)	['ʂɛkiŋ]

round-up	rassia, razzia (m)	['rasia]
search (~ warrant)	ransakelse (m)	['ranˌsakəlsə]
chase (pursuit)	jakt (m/f)	['jakt]
to pursue, to chase	å forfølge	[ɔ fɔr'følə]
to track (a criminal)	å spore	[ɔ 'spʊrə]

arrest	arrest (m)	[a'rɛst]
to arrest (sb)	å arrestere	[ɔ arɛ'sterə]
to catch (thief, etc.)	å fange	[ɔ 'faŋə]
capture	pågripelse (m)	['pɔˌgripəlsə]

document	dokument (n)	[dɔkʉ'mɛnt]
proof (evidence)	bevis (n)	[be'vis]
to prove (vt)	å bevise	[ɔ be'visə]
footprint	fotspor (n)	['fʊtˌspʊr]
fingerprints	fingeravtrykk (n pl)	['fiŋərˌavtrʏk]
piece of evidence	bevis (n)	[be'vis]

alibi	alibi (n)	['alibi]
innocent (not guilty)	uskyldig	[ʉ'ʂyldi]
injustice	urettferdighet (m)	['ʉrɛtfærdiˌhet]
unjust, unfair (adj)	urettferdig	['ʉrɛtˌfærdi]

criminal (adj)	kriminell	[krimi'nɛl]
to confiscate (vt)	å konfiskere	[ɔ kʊnfi'skerə]
drug (illegal substance)	narkotika (m)	[nar'kɔtika]
weapon, gun	våpen (n)	['vɔpən]
to disarm (vt)	å avvæpne	[ɔ 'avˌvæpnə]
to order (command)	å befale	[ɔ be'falə]
to disappear (vi)	å forsvinne	[ɔ fɔ'ʂvinə]

law	lov (m)	['lɔv]
legal, lawful (adj)	lovlig	['lɔvli]
illegal, illicit (adj)	ulovlig	[ʉ'lɔvli]

| responsibility (blame) | ansvar (n) | ['anˌsvar] |
| responsible (adj) | ansvarlig | [ans'vaːli] |

NATURE

The Earth. Part 1

122. Outer space

space	rommet, kosmos (n)	['rʊmə], ['kɔsmɔs]
space (as adj)	rom-	['rʊm-]
outer space	ytre rom (n)	['ytrə ˌrʊm]
world	verden (m)	['værdən]
universe	univers (n)	[ʉni'væʂ]
galaxy	galakse (m)	[ga'laksə]
star	stjerne (m/f)	['stjæːŋə]
constellation	stjernebilde (n)	['stjæːŋəˌbildə]
planet	planet (m)	[pla'net]
satellite	satellitt (m)	[satɛ'lit]
meteorite	meteoritt (m)	[meteʉ'rit]
comet	komet (m)	[kʊ'met]
asteroid	asteroide (n)	[asterʉ'idə]
orbit	bane (m)	['banə]
to revolve (~ around the Earth)	å rotere	[ɔ rɔ'terə]
atmosphere	atmosfære (m)	[atmʊ'sfærə]
the Sun	Solen	['sʊlən]
solar system	solsystem (n)	['sʊl sy'stem]
solar eclipse	solformørkelse (m)	['sʊl fɔr'mœrkəlsə]
the Earth	Jorden	['juːrən]
the Moon	Månen	['moːnən]
Mars	Mars	['maʂ]
Venus	Venus	['venʉs]
Jupiter	Jupiter	['jʉpitər]
Saturn	Saturn	['saˌtʉːŋ]
Mercury	Merkur	[mær'kʉr]
Uranus	Uranus	[ʉ'ranʉs]
Neptune	Neptun	[nɛp'tʉn]
Pluto	Pluto	['plʉtʊ]
Milky Way	Melkeveien	['mɛlkəˌvæjən]
Great Bear (Ursa Major)	den Store Bjørn	['dən 'stʊrə ˌbjœːŋ]

English	Norwegian	Pronunciation
North Star	Nordstjernen, Polaris	['nʉːrˌstjæːŋən], [pɔ'lɑris]
Martian	marsbeboer (m)	['mɑsˌbebʉər]
extraterrestrial (n)	utenomjordisk vesen (n)	['ʉtənɔmjuːrdisk 'vesən]
alien	romvesen (n)	['rʊmˌvesən]
flying saucer	flygende tallerken (m)	['flygənə tɑ'lærkən]
spaceship	romskip (n)	['rʊmˌsip]
space station	romstasjon (m)	['rʊmˌstɑ'ʂʊn]
blast-off	start (m), oppskyting (m/f)	['stɑːt], ['ɔpˌʂytiŋ]
engine	motor (m)	['mɔtʊr]
nozzle	dyse (m)	['dysə]
fuel	brensel (n), drivstoff (n)	['brɛnsəl], ['drifˌstɔf]
cockpit, flight deck	cockpit (m), flydekk (n)	['kɔkpit], ['flyˌdɛk]
antenna	antenne (m)	[ɑn'tɛnə]
porthole	koøye (n)	['kʊˌøjə]
solar panel	solbatteri (n)	['sʊl bɑtɛ'ri]
spacesuit	romdrakt (m/f)	['rʊmˌdrɑkt]
weightlessness	vektløshet (m/f)	['vɛktløsˌhet]
oxygen	oksygen (n)	['ɔksy'gen]
docking (in space)	dokking (m/f)	['dɔkiŋ]
to dock (vi, vt)	å dokke	[ɔ 'dɔkə]
observatory	observatorium (n)	[ɔbsɛrvɑ'tʊrium]
telescope	teleskop (n)	[tele'skʊp]
to observe (vt)	å observere	[ɔ ɔbsɛr'verə]
to explore (vt)	å utforske	[ɔ 'ʉtˌføʂkə]

123. The Earth

English	Norwegian	Pronunciation
the Earth	Jorden	['juːrən]
the globe (the Earth)	jordklode (m)	['juːrˌklodə]
planet	planet (m)	[plɑ'net]
atmosphere	atmosfære (m)	[ɑtmʊ'sfærə]
geography	geografi (m)	[geʊgrɑ'fi]
nature	natur (m)	[nɑ'tʉr]
globe (table ~)	globus (m)	['glɔbʉs]
map	kart (n)	['kɑːt]
atlas	atlas (n)	['ɑtlɑs]
Europe	Europa	[ɛʉ'rupɑ]
Asia	Asia	['ɑsiɑ]
Africa	Afrika	['ɑfrikɑ]
Australia	Australia	[ɑʊ'strɑliɑ]
America	Amerika	[ɑ'merikɑ]

North America	Nord-Amerika	['nuːr a'merika]
South America	Sør-Amerika	['sør a'merika]
Antarctica	Antarktis	[an'tarktis]
the Arctic	Arktis	['arktis]

124. Cardinal directions

north	nord (n)	['nuːr]
to the north	mot nord	[mʉt 'nuːr]
in the north	i nord	[i 'nuːr]
northern (adj)	nordlig	['nuːrli]

south	syd, sør	['syd], ['sør]
to the south	mot sør	[mʉt 'sør]
in the south	i sør	[i 'sør]
southern (adj)	sydlig, sørlig	['sydli], ['søːli]

west	vest (m)	['vɛst]
to the west	mot vest	[mʉt 'vɛst]
in the west	i vest	[i 'vɛst]
western (adj)	vestlig, vest-	['vɛstli]

east	øst (m)	['øst]
to the east	mot øst	[mʉt 'øst]
in the east	i øst	[i 'øst]
eastern (adj)	østlig	['østli]

125. Sea. Ocean

sea	hav (n)	['hav]
ocean	verdenshav (n)	[værdəns'hav]
gulf (bay)	bukt (m/f)	['bʉkt]
straits	sund (n)	['sʉn]

land (solid ground)	fastland (n)	['fast‚lan]
continent (mainland)	fastland, kontinent (n)	['fast‚lan], [kʉnti'nɛnt]
island	øy (m/f)	['øj]
peninsula	halvøy (m/f)	['hal‚øːj]
archipelago	skjærgård (m), arkipelag (n)	['sær‚gor], [arkipe'lag]

bay, cove	bukt (m/f)	['bʉkt]
harbor	havn (m/f)	['havn]
lagoon	lagune (m)	[la'gʉnə]
cape	nes (n), kapp (n)	['nes], ['kap]
atoll	atoll (m)	[a'tɔl]
reef	rev (n)	['rev]

coral	**korall** (m)	[kʊˈrɑl]
coral reef	**korallrev** (n)	[kʊˈrɑlˌrɛv]
deep (adj)	**dyp**	[ˈdyp]
depth (deep water)	**dybde** (m)	[ˈdʏbdə]
abyss	**avgrunn** (m)	[ˈɑvˌgrʉn]
trench (e.g., Mariana ~)	**dyphavsgrop** (m/f)	[ˈdyphɑfsˌgrɔp]
current (Ocean ~)	**strøm** (m)	[ˈstrøm]
to surround (bathe)	**å omgi**	[ɔ ˈɔmˌji]
shore	**kyst** (m)	[ˈçyst]
coast	**kyst** (m)	[ˈçyst]
flow (flood tide)	**flo** (m/f)	[ˈflʊ]
ebb (ebb tide)	**ebbe** (m), **fjære** (m/f)	[ˈɛbə], [ˈfjærə]
shoal	**sandbanke** (m)	[ˈsɑnˌbɑnkə]
bottom (~ of the sea)	**bunn** (m)	[ˈbʉn]
wave	**bølge** (m)	[ˈbølgə]
crest (~ of a wave)	**bølgekam** (m)	[ˈbølgəˌkɑm]
spume (sea foam)	**skum** (n)	[ˈskʉm]
storm (sea storm)	**storm** (m)	[ˈstɔrm]
hurricane	**orkan** (m)	[ɔrˈkɑn]
tsunami	**tsunami** (m)	[tsʉˈnɑmi]
calm (dead ~)	**stille** (m/f)	[ˈstilə]
quiet, calm (adj)	**stille**	[ˈstilə]
pole	**pol** (m)	[ˈpʊl]
polar (adj)	**pol-, polar**	[ˈpʊl-], [pʊˈlɑr]
latitude	**bredde, latitude** (m)	[ˈbrɛdə], [ˈlɑtiˌtʉdə]
longitude	**lengde** (m/f)	[ˈleŋdə]
parallel	**breddegrad** (m)	[ˈbrɛdəˌgrɑd]
equator	**ekvator** (m)	[ɛˈkvɑtʊr]
sky	**himmel** (m)	[ˈhimət]
horizon	**horisont** (m)	[hʊriˈsɔnt]
air	**luft** (f)	[ˈlʉft]
lighthouse	**fyr** (n)	[ˈfyr]
to dive (vi)	**å dykke**	[ɔ ˈdʏkə]
to sink (ab. boat)	**å synke**	[ɔ ˈsʏnkə]
treasures	**skatter** (m pl)	[ˈskɑtər]

126. Seas' and Oceans' names

Atlantic Ocean	**Atlanterhavet**	[ɑtˈlɑntərˌhɑve]
Indian Ocean	**Indiahavet**	[ˈindiɑˌhɑve]

| Pacific Ocean | Stillehavet | ['stilə‚havel] |
| Arctic Ocean | Polhavet | ['pɔl‚have] |

Black Sea	Svartehavet	['svɑːʈə‚have]
Red Sea	Rødehavet	['rødə‚have]
Yellow Sea	Gulehavet	['gʉlə‚have]
White Sea	Kvitsjøen, Hvitehavet	['kvit‚ʂøːn], ['vit‚have]

Caspian Sea	Kaspihavet	['kaspi‚have]
Dead Sea	Dødehavet	['dødə'have]
Mediterranean Sea	Middelhavet	['midəl‚have]

| Aegean Sea | Egeerhavet | [ɛ'geːər‚have] |
| Adriatic Sea | Adriahavet | ['adria‚have] |

Arabian Sea	Arabiahavet	[a'rabia‚have]
Sea of Japan	Japanhavet	['japɑn‚have]
Bering Sea	Beringhavet	['beriŋ‚have]
South China Sea	Sør-Kina-havet	['søɾ‚çina 'have]

Coral Sea	Korallhavet	[kʊ'ral‚have]
Tasman Sea	Tasmanhavet	[tas'man‚have]
Caribbean Sea	Karibhavet	[ka'rib‚have]

| Barents Sea | Barentshavet | ['barɛns‚have] |
| Kara Sea | Karahavet | ['kara‚have] |

North Sea	Nordsjøen	['nuːr‚ʂøːn]
Baltic Sea	Østersjøen	['østə‚ʂøːn]
Norwegian Sea	Norskehavet	['nɔʂkə‚have]

127. Mountains

mountain	fjell (n)	['fjɛl]
mountain range	fjellkjede (m)	['fjɛl‚çɛːdə]
mountain ridge	fjellrygg (m)	['fjɛl‚rʏg]

summit, top	topp (m)	['tɔp]
peak	tind (m)	['tin]
foot (~ of the mountain)	fot (m)	['fʊt]
slope (mountainside)	skråning (m)	['skrɔniŋ]

volcano	vulkan (m)	[vʉl'kan]
active volcano	virksom vulkan (m)	['virksɔm vʉl'kan]
dormant volcano	utslukt vulkan (m)	['ʉt‚slʉkt vʉl'kan]

eruption	utbrudd (n)	['ʉt‚brʉd]
crater	krater (n)	['kratər]
magma	magma (m/n)	['magma]
lava	lava (m)	['lava]

molten (~ lava)	glødende	['glødenə]
canyon	canyon (m)	['kanjən]
gorge	gjel (n), kløft (m)	['jel], ['klœft]
crevice	renne (m/f)	['rɛnə]
abyss (chasm)	avgrunn (m)	['ɑv‚grʉn]
pass, col	pass (n)	['pɑs]
plateau	platå (n)	[plɑ'to]
cliff	klippe (m)	['klipə]
hill	ås (m)	['ɔs]
glacier	bre, jøkel (m)	['bre], ['jøkəl]
waterfall	foss (m)	['fɔs]
geyser	geysir (m)	['gɛjsir]
lake	innsjø (m)	['in'ʂø]
plain	slette (m/f)	['ʂletə]
landscape	landskap (n)	['lɑn‚skɑp]
echo	ekko (n)	['ɛkʉ]
alpinist	alpinist (m)	[ɑlpi'nist]
rock climber	fjellklatrer (m)	['fjɛl‚klɑtrər]
to conquer (in climbing)	å erobre	[ɔ ɛ'rʉbrə]
climb (an easy ~)	bestigning (m/f)	[be'stigniŋ]

128. Mountains names

The Alps	Alpene	['ɑlpenə]
Mont Blanc	Mont Blanc	[‚mɔn'blɑn]
The Pyrenees	Pyreneene	[pyre'ne:ənə]
The Carpathians	Karpatene	[kɑr'pɑtenə]
The Ural Mountains	Uralfjellene	[ʉ'rɑl ‚fjɛlenə]
The Caucasus Mountains	Kaukasus	['kɑʉkɑsʉs]
Mount Elbrus	Elbrus	[ɛl'brʉs]
The Altai Mountains	Altaj	[ɑl'tɑj]
The Tian Shan	Tien Shan	[ti'en‚ʂɑn]
The Pamir Mountains	Pamir	[pɑ'mir]
The Himalayas	Himalaya	[himɑ'lɑjɑ]
Mount Everest	Everest	['ɛve'rɛst]
The Andes	Andes	['ɑndəs]
Mount Kilimanjaro	Kilimanjaro	[kilimɑn'dʂɑrʉ]

129. Rivers

river	elv (m/f)	['ɛlv]
spring (natural source)	kilde (m)	['çildə]

riverbed (river channel)	elveleie (n)	['ɛlvə‚læjə]
basin (river valley)	flodbasseng (n)	['flʊd bɑ‚sɛŋ]
to flow into ...	å munne ut ...	[ɔ 'mʉnə ʉt ...]
tributary	bielv (m/f)	['bi‚ɛlv]
bank (of river)	bredd (m)	['brɛd]
current (stream)	strøm (m)	['strøm]
downstream (adv)	medstrøms	['me‚strøms]
upstream (adv)	motstrøms	['mʊt‚strøms]
inundation	oversvømmelse (m)	['ɔvə‚svœməlsə]
flooding	flom (m)	['flɔm]
to overflow (vi)	å overflø	[ɔ 'ɔvər‚flø]
to flood (vt)	å oversvømme	[ɔ 'ɔvə‚svœmə]
shallow (shoal)	grunne (m/f)	['grʉnə]
rapids	stryk (m/n)	['stryk]
dam	demning (m)	['dɛmniŋ]
canal	kanal (m)	[kɑ'nɑl]
reservoir (artificial lake)	reservoar (n)	[rɛsɛrvʊ'ɑr]
sluice, lock	sluse (m)	['s̩lʉsə]
water body (pond, etc.)	vannmasse (m)	['vɑn‚mɑsə]
swamp (marshland)	myr, sump (m)	['myr], ['sʉmp]
bog, marsh	hengemyr (m)	['hɛŋə‚myr]
whirlpool	virvel (m)	['virvəl]
stream (brook)	bekk (m)	['bɛk]
drinking (ab. water)	drikke-	['drikə-]
fresh (~ water)	fersk-	['fæs̩k-]
ice	is (m)	['is]
to freeze over (ab. river, etc.)	å fryse til	[ɔ 'frysə til]

130. Rivers' names

Seine	Seine	['sɛ:n]
Loire	Loire	[lu'ɑ:r]
Thames	Themsen	['tɛmsən]
Rhine	Rhinen	['ri:nən]
Danube	Donau	['dɔnaʊ]
Volga	Volga	['vɔlgɑ]
Don	Don	['dɔn]
Lena	Lena	['lenɑ]
Yellow River	Huang He	[‚hwɑn'hɛ]

Yangtze	**Yangtze**	['jaŋtse]
Mekong	**Mekong**	[me'kɔŋ]
Ganges	**Ganges**	['gaŋes]
Nile River	**Nilen**	['nilən]
Congo River	**Kongo**	['kɔŋgʊ]
Okavango River	**Okavango**	[ʊka'vangʊ]
Zambezi River	**Zambezi**	[sam'besi]
Limpopo River	**Limpopo**	[limpɔ'pɔ]
Mississippi River	**Mississippi**	['misi'sipi]

131. Forest

forest, wood	**skog** (m)	['skʊg]
forest (as adj)	**skog-**	['skʊg-]
thick forest	**tett skog** (n)	['tɛt ˌskʊg]
grove	**lund** (m)	['lʉn]
forest clearing	**glenne** (m/f)	['glenə]
thicket	**krattskog** (m)	['kratˌskʊg]
scrubland	**kratt** (n)	['krat]
footpath (troddenpath)	**sti** (m)	['sti]
gully	**ravine** (m)	[ra'vinə]
tree	**tre** (n)	['trɛ]
leaf	**blad** (n)	['bla]
leaves (foliage)	**løv** (n)	['løv]
fall of leaves	**løvfall** (n)	['løvˌfal]
to fall (ab. leaves)	**å falle**	[ɔ 'falə]
top (of the tree)	**tretopp** (m)	['trɛˌtɔp]
branch	**kvist, gren** (m)	['kvist], ['gren]
bough	**gren, grein** (m/f)	['gren], ['græjn]
bud (on shrub, tree)	**knopp** (m)	['knɔp]
needle (of pine tree)	**nål** (m/f)	['nɔl]
pine cone	**kongle** (m/f)	['kʊŋlə]
hollow (in a tree)	**trehull** (n)	['trɛˌhʉl]
nest	**reir** (n)	['ræjr]
burrow (animal hole)	**hule** (m/f)	['hʉlə]
trunk	**stamme** (m)	['stamə]
root	**rot** (m/f)	['rʊt]
bark	**bark** (m)	['bark]
moss	**mose** (m)	['mʊsə]
to uproot (remove trees or tree stumps)	**å rykke opp med roten**	[ɔ 'rykə ɔp me 'rutən]

to chop down	å felle	[ɔ 'fɛlə]
to deforest (vt)	å hogge ned	[ɔ 'hɔgə 'ne]
tree stump	stubbe (m)	['stʉbə]

campfire	bål (n)	['bɔl]
forest fire	skogbrann (m)	['skʉg‚bran]
to extinguish (vt)	å slokke	[ɔ 'ṣløkə]

forest ranger	skogvokter (m)	['skʉg‚vɔktər]
protection	vern (n), beskyttelse (m)	['væːɳ], [be'ṣytəlsə]
to protect (~ nature)	å beskytte	[ɔ be'ṣytə]
poacher	tyvskytter (m)	['tyf‚sytər]
steel trap	saks (m/f)	['sɑks]

| to gather, to pick (vt) | å plukke | [ɔ 'plʉkə] |
| to lose one's way | å gå seg vill | [ɔ 'gɔ sæj 'vil] |

132. Natural resources

natural resources	naturressurser (m pl)	[nɑ'tʉr rɛ'sʉṣər]
minerals	mineraler (n pl)	[minə'rɑlər]
deposits	forekomster (m pl)	['fɔrə‚kɔmstər]
field (e.g., oilfield)	felt (m)	['fɛlt]

to mine (extract)	å utvinne	[ɔ 'ʉt‚vinə]
mining (extraction)	utvinning (m/f)	['ʉt‚viniŋ]
ore	malm (m)	['mɑlm]
mine (e.g., for coal)	gruve (m/f)	['grʉvə]
shaft (mine ~)	gruvesjakt (m/f)	['grʉvə‚ṣɑkt]
miner	gruvearbeider (m)	['grʉvə'ɑr‚bæjdər]

| gas (natural ~) | gass (m) | ['gɑs] |
| gas pipeline | gassledning (m) | ['gɑs‚ledniŋ] |

oil (petroleum)	olje (m)	['ɔljə]
oil pipeline	oljeledning (m)	['ɔljə‚ledniŋ]
oil well	oljebrønn (m)	['ɔljə‚brœn]
derrick (tower)	boretårn (n)	['boːrə‚tɔːɳ]
tanker	tankskip (n)	['tɑnk‚ṣip]

sand	sand (m)	['sɑn]
limestone	kalkstein (m)	['kɑlk‚stæjn]
gravel	grus (m)	['grʉs]
peat	torv (m/f)	['tɔrv]
clay	leir (n)	['læjr]
coal	kull (n)	['kʉl]

iron (ore)	jern (n)	['jæːɳ]
gold	gull (n)	['gʉl]
silver	sølv (n)	['søl]

nickel	**nikkel** (m)	[ˈnikəl]
copper	**kobber** (n)	[ˈkɔbər]
zinc	**sink** (m/n)	[ˈsink]
manganese	**mangan** (m/n)	[maˈŋan]
mercury	**kvikksølv** (n)	[ˈkvikˌsøl]
lead	**bly** (n)	[ˈbly]
mineral	**mineral** (n)	[mineˈral]
crystal	**krystall** (m/n)	[kryˈstal]
marble	**marmor** (m/n)	[ˈmarmʊr]
uranium	**uran** (m/n)	[ʉˈran]

The Earth. Part 2

133. Weather

weather	vær (n)	['vær]
weather forecast	værvarsel (n)	['værˌvɑʂəl]
temperature	temperatur (m)	[tɛmpərɑ'tʉr]
thermometer	termometer (n)	[tɛrmʉ'metər]
barometer	barometer (n)	[bɑrʉ'metər]
humid (adj)	fuktig	['fʉkti]
humidity	fuktighet (m)	['fʉktiˌhet]
heat (extreme ~)	hete (m)	['heːtə]
hot (torrid)	het	['het]
it's hot	det er hett	[de ær 'het]
it's warm	det er varmt	[de ær 'vɑrmt]
warm (moderately hot)	varm	['vɑrm]
it's cold	det er kaldt	[de ær 'kɑlt]
cold (adj)	kald	['kɑl]
sun	sol (m/f)	['sʉl]
to shine (vi)	å skinne	[ɔ 'ʂinə]
sunny (day)	solrik	['sʉlˌrik]
to come up (vi)	å gå opp	[ɔ 'gɔ ɔp]
to set (vi)	å gå ned	[ɔ 'gɔ ne]
cloud	sky (m)	['ʂyː]
cloudy (adj)	skyet	['ʂyːət]
rain cloud	regnsky (m/f)	['ræjnˌʂy]
somber (gloomy)	mørk	['mœrk]
rain	regn (n)	['ræjn]
it's raining	det regner	[de 'ræjnər]
rainy (~ day, weather)	regnværs-	['ræjnˌvæʂ-]
to drizzle (vi)	å småregne	[ɔ 'smoːræjnə]
pouring rain	piskende regn (n)	['piskenə ˌræjn]
downpour	styrtregn (n)	['styːtˌræjn]
heavy (e.g., ~ rain)	kraftig, sterk	['krɑfti], ['stærk]
puddle	vannpytt (m)	['vɑnˌpʏt]
to get wet (in rain)	å bli våt	[ɔ 'bli 'vɔt]
fog (mist)	tåke (m/f)	['toːkə]
foggy	tåke	['toːkə]

snow	snø (m)	['snø]
it's snowing	det snør	[de 'snør]

134. Severe weather. Natural disasters

thunderstorm	tordenvær (n)	['tʊrdən‚vær]
lightning (~ strike)	lyn (n)	['lyn]
to flash (vi)	å glimte	[ɔ 'glimtə]
thunder	torden (m)	['tʊrdən]
to thunder (vi)	å tordne	[ɔ 'tʊrdnə]
it's thundering	det tordner	[de 'tʊrdnər]
hail	hagle (m/f)	['haglə]
it's hailing	det hagler	[de 'haglər]
to flood (vt)	å oversvømme	[ɔ 'ɔvə‚svœmə]
flood, inundation	oversvømmelse (m)	['ɔvə‚svœməlsə]
earthquake	jordskjelv (n)	['juːr‚ʂɛlv]
tremor, quake	skjelv (n)	['ʂɛlv]
epicenter	episenter (n)	[ɛpi'sɛntər]
eruption	utbrudd (n)	['ʉt‚brʉd]
lava	lava (m)	['lava]
twister	skypumpe (m/f)	['ʂy‚pʉmpə]
tornado	tornado (m)	[tʊː'nɑdʊ]
typhoon	tyfon (m)	[ty'fʊn]
hurricane	orkan (m)	[ɔr'kan]
storm	storm (m)	['stɔrm]
tsunami	tsunami (m)	[tsʉ'nami]
cyclone	syklon (m)	[sy'klun]
bad weather	uvær (n)	['ʉː‚vær]
fire (accident)	brann (m)	['bran]
disaster	katastrofe (m)	[kata'strɔfə]
meteorite	meteoritt (m)	[metɛʉ'rit]
avalanche	lavine (m)	[la'vinə]
snowslide	snøskred, snøras (n)	['snø‚skred], ['snøras]
blizzard	snøstorm (m)	['snø‚stɔrm]
snowstorm	snøstorm (m)	['snø‚stɔrm]

Fauna

135. Mammals. Predators

predator	**rovdyr** (n)	['rɔvˌdyr]
tiger	**tiger** (m)	['tigər]
lion	**løve** (m/f)	['løve]
wolf	**ulv** (m)	['ʉlv]
fox	**rev** (m)	['rev]
jaguar	**jaguar** (m)	[jagʉ'ar]
leopard	**leopard** (m)	[leʊ'pard]
cheetah	**gepard** (m)	[ge'pard]
black panther	**panter** (m)	['pantər]
puma	**puma** (m)	['pʉma]
snow leopard	**snøleopard** (m)	['snø leʊ'pard]
lynx	**gaupe** (m/f)	['gaʊpə]
coyote	**coyote, prærieulv** (m)	[kɔ'jotə], ['præriˌʉlv]
jackal	**sjakal** (m)	[ʂa'kal]
hyena	**hyene** (m)	[hy'enə]

136. Wild animals

animal	**dyr** (n)	['dyr]
beast (animal)	**best, udyr** (n)	['bɛst], ['ʉˌdyr]
squirrel	**ekorn** (n)	['ɛkʊːn]
hedgehog	**pinnsvin** (n)	['pinˌsvin]
hare	**hare** (m)	['harə]
rabbit	**kanin** (m)	[ka'nin]
badger	**grevling** (m)	['grɛvliŋ]
raccoon	**vaskebjørn** (m)	['vaskəˌbjœːn]
hamster	**hamster** (m)	['hamstər]
marmot	**murmeldyr** (n)	['mʉrməlˌdyr]
mole	**muldvarp** (m)	['mʉlˌvarp]
mouse	**mus** (m/f)	['mʉs]
rat	**rotte** (m/f)	['rɔtə]
bat	**flaggermus** (m/f)	['flagərˌmʉs]
ermine	**røyskatt** (m)	['røjskat]
sable	**sobel** (m)	['sʊbəl]

marten	**får** (m)	['mɔr]
weasel	**snømus** (m/f)	['snø͵mʉs]
mink	**mink** (m)	['mink]
beaver	**bever** (m)	['bevər]
otter	**oter** (m)	['ʊtər]
horse	**hest** (m)	['hɛst]
moose	**elg** (m)	['ɛlg]
deer	**hjort** (m)	['jɔːt]
camel	**kamel** (m)	[kɑ'mel]
bison	**bison** (m)	['bisɔn]
aurochs	**urokse** (m)	['ʉr͵ʊksə]
buffalo	**bøffel** (m)	['bøfəl]
zebra	**sebra** (m)	['sebrɑ]
antelope	**antilope** (m)	[ɑnti'lʊpə]
roe deer	**rådyr** (n)	['rɔ͵dyr]
fallow deer	**dåhjort, dådyr** (n)	['dɔ͵jɔːt], ['dɔ͵dyr]
chamois	**gemse** (m)	['gɛmsə]
wild boar	**villsvin** (n)	['vil͵svin]
whale	**hval** (m)	['vɑl]
seal	**sel** (m)	['sel]
walrus	**hvalross** (m)	['vɑl͵rɔs]
fur seal	**pelssel** (m)	['pɛls͵sel]
dolphin	**delfin** (m)	[dɛl'fin]
bear	**bjørn** (m)	['bjœːɳ]
polar bear	**isbjørn** (m)	['is͵bjœːɳ]
panda	**panda** (m)	['pɑndɑ]
monkey	**ape** (m/f)	['ɑpe]
chimpanzee	**sjimpanse** (m)	[ʂim'pɑnsə]
orangutan	**orangutang** (m)	[ʊ'rɑŋgʉ͵tɑŋ]
gorilla	**gorilla** (m)	[gɔ'rilɑ]
macaque	**makak** (m)	[mɑ'kɑk]
gibbon	**gibbon** (m)	['gibʊn]
elephant	**elefant** (m)	[ɛle'fɑnt]
rhinoceros	**neshorn** (n)	['nes͵hʊːɳ]
giraffe	**sjiraff** (m)	[ʂi'rɑf]
hippopotamus	**flodhest** (m)	['flʊd͵hɛst]
kangaroo	**kenguru** (m)	['kɛŋgʉrʉ]
koala (bear)	**koala** (m)	[kʊ'ɑlɑ]
mongoose	**mangust, mungo** (m)	[mɑŋ'gʉst], ['mʉŋgu]
chinchilla	**chinchilla** (m)	[ʂin'ʂilɑ]
skunk	**skunk** (m)	['skunk]
porcupine	**hulepinnsvin** (n)	['hʉlə͵pinsvin]

137. Domestic animals

cat	katt (m)	['kɑt]
tomcat	hannkatt (m)	['hɑnˌkɑt]
dog	hund (m)	['hʉŋ]
horse	hest (m)	['hɛst]
stallion (male horse)	hingst (m)	['hiŋst]
mare	hoppe, merr (m/f)	['hɔpə], ['mɛr]
cow	ku (f)	['kʉ]
bull	tyr (m)	['tyr]
ox	okse (m)	['ɔksə]
sheep (ewe)	sau (m)	['sɑʉ]
ram	vær, saubukk (m)	['værˌ], ['sɑʉˌbʉk]
goat	geit (m/f)	['jæjt]
billy goat, he-goat	geitebukk (m)	['jæjtəˌbʉk]
donkey	esel (n)	['ɛsəl]
mule	muldyr (n)	['mʉlˌdyr]
pig, hog	svin (n)	['svin]
piglet	gris (m)	['gris]
rabbit	kanin (m)	[kɑ'nin]
hen (chicken)	høne (m/f)	['hønə]
rooster	hane (m)	['hɑnə]
duck	and (m/f)	['ɑn]
drake	andrik (m)	['ɑndrik]
goose	gås (m/f)	['gɔs]
tom turkey, gobbler	kalkunhane (m)	[kɑl'kʉnˌhɑnə]
turkey (hen)	kalkunhøne (m/f)	[kɑl'kʉnˌhønə]
domestic animals	husdyr (n pl)	['hʉsˌdyr]
tame (e.g., ~ hamster)	tam	['tɑm]
to tame (vt)	å temme	[ɔ 'tɛmə]
to breed (vt)	å avle, å oppdrette	[ɔ 'ɑvlə], [ɔ 'ɔpˌdrɛtə]
farm	farm, gård (m)	['fɑrm], ['gɔːr]
poultry	fjærfe (n)	['fjærˌfɛ]
cattle	kveg (n)	['kvɛg]
herd (cattle)	flokk, bøling (m)	['flɔk], ['bøliŋ]
stable	stall (m)	['stɑl]
pigpen	grisehus (n)	['grisəˌhʉs]
cowshed	kufjøs (m/n)	['kuˌfjøs]
rabbit hutch	kaninbur (n)	[kɑ'ninˌbʉr]
hen house	hønsehus (n)	['hønsəˌhʉs]

138. Birds

bird	fugl (m)	['fʉl]
pigeon	due (m/f)	['dʉə]
sparrow	spurv (m)	['spʉrv]
tit (great tit)	kjøttmeis (m/f)	['çœtˌmæjs]
magpie	skjære (m/f)	['ṣærə]
raven	ravn (m)	['ravn]
crow	kråke (m)	['kroːkə]
jackdaw	kaie (m/f)	['kajə]
rook	kornkråke (m/f)	['kʊːɳˌkroːkə]
duck	and (m/f)	['an]
goose	gås (m/f)	['gɔs]
pheasant	fasan (m)	[fɑ'sɑn]
eagle	ørn (m/f)	['œːɳ]
hawk	hauk (m)	['haʊk]
falcon	falk (m)	['falk]
vulture	gribb (m)	['grib]
condor (Andean ~)	kondor (m)	[kʊn'dʊr]
swan	svane (m/f)	['svanə]
crane	trane (m/f)	['tranə]
stork	stork (m)	['stɔrk]
parrot	papegøye (m)	[pape'gøjə]
hummingbird	kolibri (m)	[kʊ'libri]
peacock	påfugl (m)	['pɔˌfʉl]
ostrich	struts (m)	['strʉts]
heron	hegre (m)	['hæjrə]
flamingo	flamingo (m)	[flɑ'mingʊ]
pelican	pelikan (m)	[peli'kɑn]
nightingale	nattergal (m)	['natərˌgal]
swallow	svale (m/f)	['svalə]
thrush	trost (m)	['trʊst]
song thrush	måltrost (m)	['moːlˌtrʊst]
blackbird	svarttrost (m)	['svaːˌtrʊst]
swift	tårnseiler (m), tårnsvale (m/f)	['tɔːɳˌsæjlə], ['tɔːɳˌsvalə]
lark	lerke (m/f)	['lærkə]
quail	vaktel (m)	['vaktəl]
woodpecker	hakkespett (m)	['hakəˌspɛt]
cuckoo	gjøk, gauk (m)	['jøk], ['gaʊk]
owl	ugle (m/f)	['ʉglə]

eagle owl	hubro (m)	['hʉbrʊ]
wood grouse	storfugl (m)	['stʊrˌfʉl]
black grouse	orrfugl (m)	['ɔrˌfʉl]
partridge	rapphøne (m/f)	['rapˌhønə]

starling	stær (m)	['stær]
canary	kanarifugl (m)	[ka'nariˌfʉl]
hazel grouse	jerpe (m/f)	['jærpə]
chaffinch	bokfink (m)	['bʊkˌfink]
bullfinch	dompap (m)	['dʊmpap]

seagull	måke (m/f)	['moːkə]
albatross	albatross (m)	['albaˌtrɔs]
penguin	pingvin (m)	[piŋ'vin]

139. Fish. Marine animals

bream	brasme (m/f)	['brasmə]
carp	karpe (m)	['karpə]
perch	åbor (m)	['obɔr]
catfish	malle (m)	['malə]
pike	gjedde (m/f)	['jɛdə]

| salmon | laks (m) | ['laks] |
| sturgeon | stør (m) | ['stør] |

herring	sild (m/f)	['sil]
Atlantic salmon	atlanterhavslaks (m)	[at'lantərhafsˌlaks]
mackerel	makrell (m)	[ma'krɛl]
flatfish	rødspette (m/f)	['røˌspɛtə]

zander, pike perch	gjørs (m)	['jøːʂ]
cod	torsk (m)	['tɔʂk]
tuna	tunfisk (m)	['tʉnˌfisk]
trout	ørret (m)	['øret]

eel	ål (m)	['ɔl]
electric ray	elektrisk rokke (m/f)	[ɛ'lektrisk ˌrɔkə]
moray eel	murene (m)	[mʉ'rɛnə]
piranha	piraja (m)	[pi'raja]

shark	hai (m)	['haj]
dolphin	delfin (m)	[dɛl'fin]
whale	hval (m)	['val]

crab	krabbe (m)	['krabə]
jellyfish	manet (m/f), meduse (m)	['manet], [me'dʉsə]
octopus	blekksprut (m)	['blekˌsprʉt]
starfish	sjøstjerne (m/f)	['ʂøˌstjæːnə]
sea urchin	sjøpinnsvin (n)	['ʂøːˈpinˌsvin]

seahorse	sjøhest (m)	['ʂøˌhɛst]
oyster	østers (m)	['østəʂ]
shrimp	reke (m/f)	['rekə]
lobster	hummer (m)	['hʉmər]
spiny lobster	langust (m)	[laŋ'gʉst]

140. Amphibians. Reptiles

snake	slange (m)	['ʂlaŋə]
venomous (snake)	giftig	['jifti]
viper	hoggorm, huggorm (m)	['hʉgˌɔrm], ['hʉgˌɔrm]
cobra	kobra (m)	['kubra]
python	pyton (m)	['pytɔn]
boa	boaslange (m)	['bɔaˌsʲaŋə]
grass snake	snok (m)	['snʉk]
rattle snake	klapperslange (m)	['klapəˌsʲaŋə]
anaconda	anakonda (m)	[ana'kɔnda]
lizard	øgle (m/f)	['øglə]
iguana	iguan (m)	[igʉ'an]
monitor lizard	varan (n)	[va'ran]
salamander	salamander (m)	[sala'mandər]
chameleon	kameleon (m)	[kaməle'ʉn]
scorpion	skorpion (m)	[skɔrpi'ʉn]
turtle	skilpadde (m/f)	['ʂilˌpadə]
frog	frosk (m)	['frɔsk]
toad	padde (m/f)	['padə]
crocodile	krokodille (m)	[krʉkə'dilə]

141. Insects

insect, bug	insekt (n)	['insɛkt]
butterfly	sommerfugl (m)	['sɔmərˌfʉl]
ant	maur (m)	['maʉr]
fly	flue (m/f)	['flʉə]
mosquito	mygg (m)	['mʏg]
beetle	bille (m)	['bilə]
wasp	veps (m)	['vɛps]
bee	bie (m/f)	['biə]
bumblebee	humle (m/f)	['hʉmlə]
gadfly (botfly)	brems (m)	['brɛms]
spider	edderkopp (m)	['ɛdərˌkɔp]
spiderweb	edderkoppnett (n)	['ɛdərkɔpˌnɛt]

dragonfly	øyenstikker (m)	['øjən͵stikər]
grasshopper	gresshoppe (m/f)	['grɛs͵hɔpə]
moth (night butterfly)	nattsvermer (m)	['nɑt͵sværmər]
cockroach	kakerlakk (m)	[kɑkə'lɑk]
tick	flått, midd (m)	['flɔt], ['mid]
flea	loppe (f)	['lɔpə]
midge	knott (m)	['knɔt]
locust	vandgresshoppe (m/f)	['vɑn 'grɛs͵hɔpə]
snail	snegl (m)	['snæjl]
cricket	siriss (m)	['si͵ris]
lightning bug	ildflue (m/f), lysbille (m)	['il͵flʉe], ['lys͵bilə]
ladybug	marihøne (m/f)	['mɑri͵hønə]
cockchafer	oldenborre (f)	['ɔldən͵bɔrə]
leech	igle (m/f)	['iglə]
caterpillar	sommerfugllarve (m/f)	['sɔmərfʉl͵lɑrvə]
earthworm	meitemark (m)	['mæjtə͵mɑrk]
larva	larve (m/f)	['lɑrvə]

Flora

142. Trees

tree	tre (n)	['trɛ]
deciduous (adj)	løv-	['løv-]
coniferous (adj)	bar-	['bɑr-]
evergreen (adj)	eviggrønt	['ɛviˌgrœnt]
apple tree	epletre (n)	['ɛpləˌtrɛ]
pear tree	pæretre (n)	['pæerəˌtrɛ]
sweet cherry tree	morelltre (n)	[mʊ'rɛlˌtrɛ]
sour cherry tree	kirsebærtre (n)	['çiʂəbærˌtrɛ]
plum tree	plommetre (n)	['plʊməˌtrɛ]
birch	bjørk (f)	['bjœrk]
oak	eik (f)	['æjk]
linden tree	lind (m/f)	['lin]
aspen	osp (m/f)	['ɔsp]
maple	lønn (m/f)	['lœn]
spruce	gran (m/f)	['grɑn]
pine	furu (m/f)	['fʉrʉ]
larch	lerk (m)	['lærk]
fir tree	edelgran (m/f)	['ɛdəlˌgrɑn]
cedar	seder (m)	['sedər]
poplar	poppel (m)	['pɔpəl]
rowan	rogn (m/f)	['rɔŋn]
willow	pil (m/f)	['pil]
alder	or, older (m/f)	['ʊr], ['ɔldər]
beech	bøk (m)	['bøk]
elm	alm (m)	['ɑlm]
ash (tree)	ask (m/f)	['ɑsk]
chestnut	kastanjetre (n)	[kɑ'stɑnjeˌtrɛ]
magnolia	magnolia (m)	[mɑŋ'nʉliɑ]
palm tree	palme (m)	['pɑlmə]
cypress	sypress (m)	[sʏ'prɛs]
mangrove	mangrove (m)	[mɑŋ'grʊvə]
baobab	apebrødtre (n)	['ɑpebrøˌtrɛ]
eucalyptus	eukalyptus (m)	[ɛvkɑ'lyptʉs]
sequoia	sequoia (m)	['sekˌvɔjɑ]

143. Shrubs

bush	busk (m)	['bʉsk]
shrub	busk (m)	['bʉsk]
grapevine	vinranke (m)	['vin‚rankə]
vineyard	vinmark (m/f)	['vin‚mark]
raspberry bush	bringebærbusk (m)	['briŋə‚bær bʉsk]
blackcurrant bush	solbærbusk (m)	['sʊlbær‚bʉsk]
redcurrant bush	ripsbusk (m)	['rips‚bʉsk]
gooseberry bush	stikkelsbærbusk (m)	['stikəlsbær‚bʉsk]
acacia	akasie (m)	[a'kasiə]
barberry	berberis (m)	['bærberis]
jasmine	sjasmin (m)	[ṣas'min]
juniper	einer (m)	['æjnər]
rosebush	rosenbusk (m)	['rʊsən‚bʉsk]
dog rose	steinnype (m/f)	['stæjn‚nypə]

144. Fruits. Berries

fruit	frukt (m/f)	['frʉkt]
fruits	frukter (m/f pl)	['frʉktər]
apple	eple (n)	['ɛplə]
pear	pære (m/f)	['pærə]
plum	plomme (m/f)	['plʊmə]
strawberry (garden ~)	jordbær (n)	['juːr‚bær]
sour cherry	kirsebær (n)	['çiṣə‚bær]
sweet cherry	morell (m)	[mʊ'rɛl]
grape	drue (m)	['drʉə]
raspberry	bringebær (n)	['briŋə‚bær]
blackcurrant	solbær (n)	['sʊl‚bær]
redcurrant	rips (m)	['rips]
gooseberry	stikkelsbær (n)	['stikəls‚bær]
cranberry	tranebær (n)	['tranə‚bær]
orange	appelsin (m)	[apel'sin]
mandarin	mandarin (m)	[manda'rin]
pineapple	ananas (m)	['ananas]
banana	banan (m)	[ba'nan]
date	daddel (m)	['dadəl]
lemon	sitron (m)	[si'trʊn]
apricot	aprikos (m)	[apri'kʊs]
peach	fersken (m)	['fæṣkən]

| kiwi | kiwi (m) | ['kivi] |
| grapefruit | grapefrukt (m/f) | ['grɛjpˌfrʉkt] |

berry	bær (n)	['bær]
berries	bær (n pl)	['bær]
cowberry	tyttebær (n)	['tʏtəˌbær]
wild strawberry	markjordbær (n)	['mɑrk juːrˌbær]
bilberry	blåbær (n)	['bloˌbær]

145. Flowers. Plants

| flower | blomst (m) | ['blɔmst] |
| bouquet (of flowers) | bukett (m) | [bʉ'kɛt] |

rose (flower)	rose (m/f)	['rʊsə]
tulip	tulipan (m)	[tʉli'pɑn]
carnation	nellik (m)	['nɛlik]
gladiolus	gladiolus (m)	[glɑdi'ɔlʉs]

cornflower	kornblomst (m)	['kuːɳˌblɔmst]
harebell	blåklokke (m/f)	['bloˌklɔkə]
dandelion	løvetann (m/f)	['løvəˌtɑn]
camomile	kamille (m)	[kɑ'milə]

aloe	aloe (m)	['ɑlʊə]
cactus	kaktus (m)	['kɑktʉs]
rubber plant, ficus	gummiplante (m/f)	['gʉmiˌplɑntə]

lily	lilje (m)	['liljə]
geranium	geranium (m)	[ge'rɑnium]
hyacinth	hyasint (m)	[hiɑ'sint]

mimosa	mimose (m/f)	[mi'mɔsə]
narcissus	narsiss (m)	[nɑ'ʂis]
nasturtium	blomkarse (m)	['blɔmˌkɑʂə]

orchid	orkidé (m)	[ɔrki'de]
peony	peon, pion (m)	[pe'ʊn], [pi'ʊn]
violet	fiol (m)	[fi'ʊl]

pansy	stemorsblomst (m)	['stemʉʂˌblɔmst]
forget-me-not	forglemmegei (m)	[fɔr'gleməjæj]
daisy	tusenfryd (m)	['tʉsənˌfryd]

poppy	valmue (m)	['vɑlmʉə]
hemp	hamp (m)	['hɑmp]
mint	mynte (m/f)	['myntə]

| lily of the valley | liljekonvall (m) | ['liljə kɔn'vɑl] |
| snowdrop | snøklokke (m/f) | ['snøˌklɔkə] |

nettle	**nesle** (m/f)	['nɛslə]
sorrel	**syre** (m/f)	['syrə]
water lily	**nøkkerose** (m/f)	['nøkəˌrʉse]
fern	**bregne** (m/f)	['brɛjnə]
lichen	**lav** (m/n)	['lɑv]
greenhouse (tropical ~)	**drivhus** (n)	['drivˌhʉs]
lawn	**gressplen** (m)	['grɛsˌplen]
flowerbed	**blomsterbed** (n)	['blɔmstərˌbed]
plant	**plante** (m/f), **vekst** (m)	['plɑntə], ['vɛkst]
grass	**gras** (n)	['grɑs]
blade of grass	**grasstrå** (n)	['grɑsˌstrɔ]
leaf	**blad** (n)	['blɑ]
petal	**kronblad** (n)	['krɔnˌblɑ]
stem	**stilk** (m)	['stilk]
tuber	**rotknoll** (m)	['rʊtˌknɔl]
young plant (shoot)	**spire** (m/f)	['spirə]
thorn	**torn** (m)	['tʊːn]
to blossom (vi)	**å blomstre**	[ɔ 'blɔmstrə]
to fade, to wither	**å visne**	[ɔ 'visnə]
smell (odor)	**lukt** (m/f)	['lʉkt]
to cut (flowers)	**å skjære av**	[ɔ 'ʂæːrə ɑː]
to pick (a flower)	**å plukke**	[ɔ 'plʉkə]

146. Cereals, grains

grain	**korn** (n)	['kʊːn]
cereal crops	**cerealer** (n pl)	[sere'ɑlər]
ear (of barley, etc.)	**aks** (n)	['ɑks]
wheat	**hvete** (m)	['vetə]
rye	**rug** (m)	['rʉg]
oats	**havre** (m)	['hɑvrə]
millet	**hirse** (m)	['hiʂə]
barley	**bygg** (m/n)	['bʏg]
corn	**mais** (m)	['mɑis]
rice	**ris** (m)	['ris]
buckwheat	**bokhvete** (m)	['bʊkˌvetə]
pea plant	**ert** (m/f)	['æːt]
kidney bean	**bønne** (m/f)	['bœnə]
soy	**soya** (m)	['sɔja]
lentil	**linse** (m/f)	['linsə]
beans (pulse crops)	**bønner** (m/f pl)	['bœnər]

COUNTRIES. NATIONALITIES

147. Western Europe

Europe	**Europa**	[eʉˈrʊpɑ]
European Union	**Den Europeiske Union**	[den ɛʉrʊˈpɛiskə ʉniˈɔn]
Austria	**Østerrike**	[ˈøstəˌrikə]
Great Britain	**Storbritannia**	[ˈstʉr briˌtɑniɑ]
England	**England**	[ˈɛŋlɑn]
Belgium	**Belgia**	[ˈbɛlgiɑ]
Germany	**Tyskland**	[ˈtʏsklɑn]
Netherlands	**Nederland**	[ˈnedəˌlɑn]
Holland	**Holland**	[ˈhɔlɑn]
Greece	**Hellas**	[ˈhɛlɑs]
Denmark	**Danmark**	[ˈdɑnmɑrk]
Ireland	**Irland**	[ˈirlɑn]
Iceland	**Island**	[ˈislɑn]
Spain	**Spania**	[ˈspɑniɑ]
Italy	**Italia**	[iˈtɑliɑ]
Cyprus	**Kypros**	[ˈkʏprʊs]
Malta	**Malta**	[ˈmɑltɑ]
Norway	**Norge**	[ˈnɔrgə]
Portugal	**Portugal**	[pɔːtʉˈgɑl]
Finland	**Finland**	[ˈfinlɑn]
France	**Frankrike**	[ˈfrɑnkrikə]
Sweden	**Sverige**	[ˈsværiə]
Switzerland	**Sveits**	[ˈsvæjts]
Scotland	**Skottland**	[ˈskɔtlɑn]
Vatican	**Vatikanet**	[ˈvɑtiˌkɑne]
Liechtenstein	**Liechtenstein**	[ˈlihtɛnʂtæjn]
Luxembourg	**Luxembourg**	[ˈlʉksɛmˌbʉrg]
Monaco	**Monaco**	[mʊˈnɑkʊ]

148. Central and Eastern Europe

Albania	**Albania**	[ɑlˈbɑniɑ]
Bulgaria	**Bulgaria**	[bʉlˈgɑriɑ]
Hungary	**Ungarn**	[ˈʉŋɑːn]

Latvia	Latvia	['lɑtvia]
Lithuania	Litauen	['li‚taʉən]
Poland	Polen	['pʉlen]

Romania	Romania	[rʉ'mɑnia]
Serbia	Serbia	['særbia]
Slovakia	Slovakia	[s̜lʉ'vɑkia]

Croatia	Kroatia	[krʉ'ɑtia]
Czech Republic	Tsjekkia	['tʂɛkija]
Estonia	Estland	['ɛstlɑn]

Bosnia and Herzegovina	Bosnia-Hercegovina	['bɔsnia hersegɔ‚vina]
Macedonia (Republic of ~)	Makedonia	[make'dɔnia]
Slovenia	Slovenia	[s̜lʉ'venia]
Montenegro	Montenegro	['mɔntə‚nɛgrʉ]

149. Former USSR countries

| Azerbaijan | Aserbajdsjan | [aserbɑjd'ʂɑn] |
| Armenia | Armenia | [ɑr'menia] |

Belarus	Hviterussland	['vitə‚rʉslɑn]
Georgia	Georgia	[ge'ɔrgia]
Kazakhstan	Kasakhstan	[kɑ'sɑk‚stɑn]
Kirghizia	Kirgisistan	[kir'gisi‚stɑn]
Moldova, Moldavia	Moldova	[mɔl'dɔva]

| Russia | Russland | ['rʉslɑn] |
| Ukraine | Ukraina | [ʉkrɑ'ina] |

Tajikistan	Tadsjikistan	[tɑ'dʂiki‚stɑn]
Turkmenistan	Turkmenistan	[tʉrk'meni‚stɑn]
Uzbekistan	Usbekistan	[ʉs'beki‚stɑn]

150. Asia

Asia	Asia	['ɑsia]
Vietnam	Vietnam	['vjɛtnɑm]
India	India	['india]
Israel	Israel	['israel]

China	Kina	['çina]
Lebanon	Libanon	['libanɔn]
Mongolia	Mongolia	[mʊŋ'gulia]

| Malaysia | Malaysia | [mɑ'lɑjsia] |
| Pakistan | Pakistan | ['pɑki‚stɑn] |

Saudi Arabia	Saudi-Arabia	['saʊdi a'rabia]
Thailand	Thailand	['tajlan]
Taiwan	Taiwan	['taj̩van]
Turkey	Tyrkia	[tyrkia]
Japan	Japan	['japan]

Afghanistan	Afghanistan	[af'gani̩stan]
Bangladesh	Bangladesh	[bangla'dɛʂ]
Indonesia	Indonesia	[indʊ'nesia]
Jordan	Jordan	['jɔrdan]

Iraq	Irak	['irak]
Iran	Iran	['iran]
Cambodia	Kambodsja	[kam'bɔdʂa]
Kuwait	Kuwait	['kʉvajt]

Laos	Laos	['laɔs]
Myanmar	Myanmar	['mjænma]
Nepal	Nepal	['nepal]
United Arab Emirates	Forente Arabiske Emiratene	[fɔ'rentə a'rabiskə ɛmi'ratenə]

Syria	Syria	['syria]
Palestine	Palestina	[pale'stina]
South Korea	Sør-Korea	['sør kʊ̩rea]
North Korea	Nord-Korea	['nuːr kʊ'rɛa]

151. North America

United States of America	Amerikas Forente Stater	[a'merikas fɔ'rentə 'statər]
Canada	Canada	['kanada]
Mexico	Mexico	['mɛksikʊ]

152. Central and South America

Argentina	Argentina	[argɛn'tina]
Brazil	Brasilia	[bra'silia]
Colombia	Colombia	[kɔ'lʊmbia]
Cuba	Cuba	['kʉba]
Chile	Chile	['tʂilə]

Bolivia	Bolivia	[bɔ'livia]
Venezuela	Venezuela	[venesʉ'ɛla]
Paraguay	Paraguay	[parag'waj]
Peru	Peru	[pe'ruː]

| Suriname | Surinam | ['sʉri̩nam] |
| Uruguay | Uruguay | [ʉrygʊ'aj] |

Ecuador	Ecuador	[ɛkʉɑˈdɔr]
The Bahamas	Bahamas	[bɑˈhɑmɑs]
Haiti	Haiti	[hɑˈiti]

Dominican Republic	Dominikanske Republikken	[dʉminiˈkɑnskə repʉˈblikən]
Panama	Panama	[ˈpɑnɑmɑ]
Jamaica	Jamaica	[ʂɑˈmɑjkɑ]

153. Africa

Egypt	Egypt	[ɛˈgypt]
Morocco	Marokko	[mɑˈrɔkʉ]
Tunisia	Tunisia	[ˈtʉˈnisiɑ]

Ghana	Ghana	[ˈgɑnɑ]
Zanzibar	Zanzibar	[ˈsɑnsibɑr]
Kenya	Kenya	[ˈkenyɑ]
Libya	Libya	[ˈlibiɑ]
Madagascar	Madagaskar	[mɑdɑˈgɑskɑr]

Namibia	Namibia	[nɑˈmibiɑ]
Senegal	Senegal	[seneˈgɑl]
Tanzania	Tanzania	[ˈtɑnsɑˌniɑ]
South Africa	Republikken Sør-Afrika	[repʉˈbliken ˈsør ˌɑfrikɑ]

154. Australia. Oceania

| Australia | Australia | [ɑʉˈstrɑliɑ] |
| New Zealand | New Zealand | [njʉˈselɑn] |

| Tasmania | Tasmania | [tɑsˈmɑniɑ] |
| French Polynesia | Fransk Polynesia | [ˈfrɑnsk polyˈnesiɑ] |

155. Cities

Amsterdam	Amsterdam	[ˈɑmstɛrˌdɑm]
Ankara	Ankara	[ˈɑnkɑrɑ]
Athens	Athen, Aten	[ɑˈten]
Baghdad	Bagdad	[ˈbɑgdɑd]
Bangkok	Bangkok	[ˈbɑnkɔk]

Barcelona	Barcelona	[bɑrsəˈlunɑ]
Beijing	Peking, Beijing	[ˈpekiŋ], [ˈbɛjʒin]
Beirut	Beirut	[ˈbæjˌrʉt]
Berlin	Berlin	[bɛrˈlin]

| Bonn | Bonn | [ˈbɔn] |
| Bordeaux | Bordeaux | [bɔrˈdɔː] |

Bratislava	Bratislava	[bratiˈslava]
Brussels	Brussel	[ˈbrʉsɛl]
Bucharest	Bukarest	[ˈbʉkaˈrɛst]
Budapest	Budapest	[ˈbʉdapɛst]
Cairo	Kairo	[ˈkajrʊ]

Chicago	Chicago	[ʂiˈkagʊ]
Copenhagen	København	[ˈçøbənˌhavn]
Dar-es-Salaam	Dar-es-Salaam	[ˈdaresaˌlam]
Delhi	Delhi	[ˈdɛli]
Dubai	Dubai	[ˈdʉbaj]

Dublin	Dublin	[ˈdøblin]
Düsseldorf	Düsseldorf	[ˈdʉsəlˌdɔrf]
Florence	Firenze	[fiˈrɛnsə]
Frankfurt	Frankfurt	[ˈfrankfʉːt]
Geneva	Genève	[ʂeˈnɛv]

Hamburg	Hamburg	[ˈhambʉrg]
Hanoi	Hanoi	[ˈhanɔj]
Havana	Havana	[haˈvana]
Helsinki	Helsinki	[ˈhɛlsinki]
Hiroshima	Hiroshima	[hirʊˈʂima]

Hong Kong	Hongkong	[ˈhɔnˌkɔŋ]
Istanbul	Istanbul	[ˈistanbʉl]
Jerusalem	Jerusalem	[jeˈrʉsalem]
Kolkata (Calcutta)	Calcutta	[kalˈkʉta]
Kuala Lumpur	Kuala Lumpur	[kʉˈala ˈlʉmpʉr]

Kyiv	Kiev	[ˈkiːef]
Lisbon	Lisboa	[ˈlisbʊa]
London	London	[ˈlɔndɔn]
Los Angeles	Los Angeles	[ˌlɔsˈændʒələs]
Lyons	Lyon	[liˈɔn]
Madrid	Madrid	[maˈdrid]

Marseille	Marseille	[marˈsɛj]
Mexico City	Mexico City	[ˈmɛksikʊ ˈsiti]
Miami	Miami	[maˈjami]
Montreal	Montreal	[mɔntriˈɔl]
Moscow	Moskva	[mɔˈskva]

Mumbai (Bombay)	Bombay	[ˈbɔmbɛj]
Munich	München	[ˈmʉnhən]
Nairobi	Nairobi	[najˈrʊbi]
Naples	Napoli	[ˈnapʊli]
New York	New York	[njʉ ˈjork]
Nice	Nice	[ˈnis]

Oslo	**Oslo**	[ˈɔʂlʉ]
Ottawa	**Ottawa**	[ˈɔtava]
Paris	**Paris**	[paˈris]
Prague	**Praha**	[ˈpraha]
Rio de Janeiro	**Rio de Janeiro**	[ˈriu de ʂaˈnæjrʉ]
Rome	**Roma**	[ˈrʊma]
Saint Petersburg	**Sankt Petersburg**	[ˌsankt ˈpetɛʂˌbʉrg]
Seoul	**Seoul**	[seˈuːl]
Shanghai	**Shanghai**	[ˈʂaŋhaj]
Singapore	**Singapore**	[ˈsiŋaˈpɔr]
Stockholm	**Stockholm**	[ˈstɔkhɔlm]
Sydney	**Sydney**	[ˈsidni]
Taipei	**Taipei**	[ˈtajpæj]
The Hague	**Haag**	[ˈhag]
Tokyo	**Tokyo**	[ˈtɔkiʉ]
Toronto	**Toronto**	[tɔˈrɔntʉ]
Venice	**Venezia**	[veˈnetsia]
Vienna	**Wien**	[ˈvin]
Warsaw	**Warszawa**	[vaˈʂava]
Washington	**Washington**	[ˈvɔʂinten]

www.ingramcontent.com/pod-product-compliance
Lightning Source LLC
Chambersburg PA
CBHW070550050426
42450CB00011B/2803